Du **SOLEIL DANS TES LARMES**

Amanda Rose

Du SOLEIL DANS TES LARMES

RÉCIT

© 2024, Amanda Rose

Édition : BoD • Books on Demand GmbH, In de Tarpen 42, 22848 Norderstedt (Allemagne)
Impression : Libri Plureos GmbH, Friedensallee 273, 22763 Hamburg (Allemagne)
ISBN : 978-2-3225-2227-9
Dépôt légal : Mars 2024

« Tous droits de reproduction, d'adaptation et de traduction, intégrale ou partielle réservés pour tous pays. L'auteur ou l'éditeur est seul propriétaire des droits et responsable du contenu de ce livre. Le Code de la propriété intellectuelle interdit les copies ou reproductions destinées à une utilisation collective. Toute représentation ou reproduction intégrale ou partielle faite par quelque procédé que ce soit, sans le consentement de l'auteur ou de ses ayants droit ou ayants cause, est illicite et constitue une contrefaçon, aux termes des articles L.335-2 et suivants du Code de la propriété intellectuelle. »

" Il est temps de vivre la vie que tu t'es imaginée."
Henry James

" Je suis qui je suis,
Pas celle que tu penses que je suis,
Pas celle que tu veux que je sois,
Je suis moi."
Black Out

La beauté de la vie est de se lever chaque jour avec une nouvelle envie.
Amanda

MERCI

Aux hommes de ma vie, pour leur soutien et leur amour indéfectible,
À Valérie, pour son écoute et la justesse de ses mots,
À Alma, mon âme cœur,
À Céline pour sa relecture attentionnée,
À la vie, pour ses cadeaux mal emballés,
À moi, pour l'Amour que désormais, je me porte,
À tous ceux qui ont besoin de s'aimer davantage,

Avec tout mon amour,
Amanda
-`♡´-

Chers lecteurs,

À travers mes maux, vous vous reconnaîtrez peut-être. C'est avec humilité que je viens déposer, par le biais de mon histoire, quelques mots maladroits qui, je l'espère, viendront panser vos blessures secrètes les plus profondes, vous donnant ainsi la force d'avancer et de vous réaliser sur le chemin de votre vie.

Croyez-moi, même dans les moments les plus sombres de votre existence, vous n'êtes pas seul. Il y aura toujours une âme à vos côtés pour vous entendre pleurer en silence à la tombée de la nuit. Pour la rencontrer, il est nécessaire de vous libérer et de garder à vos côtés, seulement ceux qui vous feront avancer. Le temps ne vous fera pas oublier, il vous fera grandir.

J'ai vécu dans le brouillard, sans savoir comment vivre pleinement dans l'instant présent, et maintenant que j'y ai goûté, je voudrais partager cette énergie solaire avec vous. Je vous raconte ici un peu de mon existence, la partie la plus difficile qui m'a été donnée d'être vécue, celle où j'ai dû lutter de toutes mes forces contre la douleur profondément ancrée dans mon cœur pour ne pas sombrer et, j'ai bien cru ne jamais me relever.

J'espère que vous trouverez un peu de réconfort au fil de votre lecture, un refuge pour apaiser votre solitude intérieure et si d'aventure, mon histoire peut vous accompagner dans votre voyage vers un mieux-être, alors ces heures passées à écrire ma souffrance sur le papier auront du sens. J'aurai réussi à semer une petite graine, celle de la renaissance, car il n'y a pas d'âge pour goûter au bonheur.

Tous les faits relatés à travers mes écrits sont authentiques, il s'agit de mon histoire, de ma réalité, seuls les noms ont été changés afin de préserver le droit à l'anonymat.

Avec toute mon affection,
Amanda
-`♡´-

1
La rupture

Samedi 10 avril 2021, je viens d'acter la rupture. Réseaux sociaux, groupe de discussion familiale, téléphone, blocage total. Rupture virtuelle, pourtant rupture quand même. C'est l'étape qui découle de la désunion physique de juin 2019, le dernier lien qui maintenait le semblant de main mise sur ma vie. Peut-être aurai-je la force que ce crève-cœur soit manifestement définitif à la fin de ces lignes.

Rupture à laquelle je songe depuis des semaines, voire des mois. Pourquoi aujourd'hui? À quarante-deux ans un mois et vingt jours ? Pourquoi pas hier ou avant-hier ? Pourquoi pas à dix-huit, vingt, trente ou quarante ans ? L'emprise était sûrement trop forte. Cette emprise qui transforme tous vos faits et gestes en culpabilité. Cette emprise qui fait que tous vos efforts, vos marques d'affections seront vains, comme invisibles. Ce poids trop lourd d'une famille à aimer parce que, justement, il s'agit de votre famille. Cette reconnaissance éternelle qui vous incombe pour vous avoir donné la vie… Cette emprise qui empoisonne toute pensée d'émancipation, mais offre un flot de sentiments sombres. Certains penseront que nous ne choisissons pas notre famille et que, par conséquent, nous avons la liberté de ne pas les aimer. Mon histoire personnelle m'a montré que ce n'est pas si simple, même si cette liberté peut être réelle…

***

Au début, je les idolâtrais. Comme une petite fille aime ses parents, avec le regard admiratif et aimant. Cette sensation sécure en leur présence, comme si rien ne pourrait jamais m'atteindre puisque mes parents sont là pour veiller, protéger, combler, anticiper, et m'aimer d'un amour incommensurable. Et puis un jour, tout a basculé dans ma vie de jeune adolescente à peine pubère, je n'ai pas compris. Mon père, lui, est tombé de son piédestal, ma mère, elle, est devenue détestable. La suite ? Comment ai-je lutté pour me construire et ne pas leur ressembler… jusqu'à m'épuiser, jusqu'à en crever. Existe-t-il réellement une légitimité à raconter son histoire ? J'ai l'habitude de relativiser mes tracas, me disant que quelque part, quelqu'un d'autre endure des épreuves bien plus difficiles. Alors, je me réconforte avec l'idée qu'après une bonne nuit de sommeil, ça ira mieux et que demain sera un autre jour, sans doute meilleur. Même en ayant parcouru cet exil intérieur, touché le gouffre de la détresse et égaré le sentiment de ma propre valeur, je conserve cette pensée. Je m'accroche du plus fort que je le peux, ma nature optimiste suffira-t-elle à me sauver cette fois-ci ? L'écriture pourra-t-elle m'aider? Partager mon histoire, mon vécu interne, me permettra-t-il d'exorciser ma souffrance? Arriverais-je à me libérer de cette solitude intérieure, de ce sentiment envahissant de n'être comprise par personne? Que va-t-il advenir désormais que la boite de pandore est ouverte ? Cette boîte imaginaire que je me suis attelée à conserver fermée toutes ces années, pour ne pas dire toute mon existence... Bonne ou mauvaise idée? Je n'ai pas eu le choix… C'est Elle qui a œuvré pour briser le cadenas.

L'urgence de me livrer à la page blanche hurle en moi, portant la promesse d'un soulagement presque salvateur et nourrissant l'espoir qu'en libérant ma douleur par écrit, je parviendrai peut-être à un semblant de guérison. Voici le récit de mon chemin de vie, je vous invite dans mes tourments, là où je me suis perdue, au cœur même de ma souffrance. L'espoir qu'à travers mes maux certains se reconnaitront, et qu'éventuellement, vous pourriez vous sentir moins seul, me plaît à penser. Si seulement...

2
D'où je viens

Issue d'une fratrie de quatre, je me place en troisième position. Durant huit années, je suis restée la petite dernière, puis, mes parents ont lancé l'idée d'un vote en faveur ou non de la conception « d'un petit quatrième ». Je crois bien qu'à l'unanimité, cela a été un oui. Néanmoins, l'écho de cette scène compromettante où je les ai découverts bien malgré moi en pleine effusion d'amour résonne encore dans mon esprit, ce qui pourrait sembler cocasse pour certains n'était en réalité rien moins qu'une vision choquante pour la petite fille que j'étais.
Il est vrai qu'à huit ans, j'étais une petite fille curieuse et pleine de vie. De cette période, je ne conserve que des fragments épars, la plupart rapportés par les anecdotes de mes proches. D'après ma mère, j'étais capricieuse. Lorsque je questionne mon frère aîné avec son regard d'adulte, lui se remémore une petite fille triste qui pleurait beaucoup. Tous ces pleurs n'étaient sans doute pas sans fondement et avaient sûrement une raison bien plus profonde qui ne se résumait pas à une simple crise de caprice comme on me l'avait laissé entendre... Je n'oublierai jamais, entre autre, la paralysie faciale qui m'a atteinte à l'approche de la naissance de Marius. Un souvenir probablement ancré

par la douleur du traitement par conduction électrique pour réveiller le nerf facial de mon visage. Cet épisode a été source d'interrogation. Un courant d'air ? Une recherche d'attention ? Ma famille avait ses théories sur mon visage inexpressif, néanmoins, ce qui résonne encore en moi, alors que je n'avais que huit ans, c'est l'écho des railleries, les séances douloureuses de stimulation électrique, l'attention que je portais invariablement sur le motif géométrique des dalles au-dessus de moi dans la salle de soins et le flot chaud de mes larmes silencieuses.

Jusqu'à la naissance de Marius, mon cadet, nous avons vécu à la campagne sur la rive droite de Bordeaux, dans une jolie maison construite par mon père. Initialement, il s'agissait d'une bergerie attenante à la partie habitable de la maison dans laquelle s'était installée l'une des sœurs de mon père avec son mari et leurs trois enfants. Jacques, mon père, s'est évertué à transformer laborieusement cette ancienne bergerie en un foyer accueillant, malgré des ressources financières très limitées. D'une bergerie est née une maison pleine de charme avec trois chambres à l'étage, mais avec l'arrivée du secondaire pour Louis et Mathilde, la rudesse de notre situation financière a poussé mes parents à prendre une décision drastique : délaisser notre foyer pour un logis plus économique au sein de la caserne des pompiers, au cœur du centre-ville. Ce fût le départ vers une nouvelle vie, mes aînés allaient se lancer vers l'autonomie, et j'allais être propulsée vers une croissance personnelle inopinée.

***

Dans la fratrie, nous sommes donc quatre enfants. Il y a tout d'abord Louis, mon aîné de huit ans, Mathilde sa cadette de dix-huit mois et Marius le benjamin de huit ans mon cadet. Moi, c'est Amanda et je suis le numéro trois. Avec Louis et Mathilde, l'écart d'âge est important, huit ans me séparent de mon frère et six de ma sœur. De ce fait, nous avons été élevés plus ou moins en binôme. Pour cette raison et d'autres, ils ont quitté la maison assez jeune et je me suis retrouvée l'aînée d'une fratrie de deux. J'avais douze ans et Marius quatre ans lorsque ma sœur est partie, Louis, lui, a quitté le domicile quelques mois plus tard pour s'installer avec Justine. La relation entre Louis et mon père était tendue, malgré mes douze printemps, je pouvais détecter l'animosité croissante qui marquait les rapports entre eux. L'ambiance était pesante à la maison, les deux hommes n'arrivaient pas à se comprendre, cette dualité père et fils semblait aller bien au-delà d'une simple rivalité masculine, c'était électrique et avec les années, le dialogue est devenu impossible entre eux.

Pendant sept ans, de huit à quinze ans, notre vie s'est déroulée au sein de la caserne des pompiers. J'éprouve une grande nostalgie pour ce morceau de vie, car c'est à cette époque que j'ai tissé des liens d'amitié indélébiles. Certains sont toujours présents dans mon quotidien, d'autres ont pris des chemins différents, mais garderont mon affection At vitam æternam. L'adolescence est le berceau des découvertes sentimentales, des expérimentations, d'une construction identitaire qui nous marque à vie. C'est une période qui peut s'avérer sensible pour certains plus que pour d'autres. Me concernant, mon adolescence a été brûlante, courte et longue à la fois. Courte par la nécessité de mûrir rapidement et longue par une répétition de douleurs qui, dans mon esprit, ne prendraient fin qu'à la majorité, moment venu de pouvoir quitter le foyer parental. Je me sentais pressée. Pressée de tout, je souhaitais que le temps s'accélère sans cesse, si un génie eut croisé ma route, je lui aurais à coup sûr, demandé de pouvoir me téléporter. N'importe où dans le futur, mais pas " ici ". Malheureusement, il n'a jamais croisé ma route, sans doute par ce qu'il s'agit de mon chemin, celui que je devais prendre pour me construire et être la femme que je suis aujourd'hui.

***

Tandis que l'été 1987 pointait à l'horizon, précédant de peu l'évènement joyeux de la naissance de Marius et le terme de mon parcours de classe élémentaire, le moment du déménagement avait sonné pour nous. Dans l'enceinte de la caserne, les logements familiaux étaient établis sur une aile tandis que l'unité opérationnelle s'étendait à l'opposé et nichée au milieu, une cour spacieuse servait de lieu de rencontre, notre terrain de jeu favori! Tous les enfants des sapeurs s'y retrouvaient pour y jouer. Tous les jours ! Le soir après l'école, le week-end durant les gardes des papas et plus tard, alors jeunes pubères, pour planifier des plans sur la comète. Dans cette communauté soudée, l'arbre généalogique de chacun de nous n'avait plus aucun mystère. À chaque fois que je voyais mon père franchir la cour dans son uniforme, je ressentais une immense fierté, mon cœur se gonflait de fierté. À travers mes yeux d'enfant, mon père était le plus beau, le plus fort et tout le monde ne pouvait que l'apprécier, il sauvait des vies tout de même!

Nous occupions un appartement au troisième étage, un T5 où, jusqu'au départ de Mathilde, je partageais une chambre avec Marius. J'aimais bien cet appartement. Nous avions la chance d'avoir un grand balcon et pour mon plus grand bonheur, celui-ci m'offrait une vue imprenable sur la patinoire. Il m'était impossible de prévoir que cette vue, auparavant source de bonheur, se noircirait de chagrin, tandis que j'observais, de ma prison aérienne, mes comparses filer vers la patinoire, devenue pour moi un rêve interdit. Souvent sanctionnée, le balcon s'était transformé en mon poste d'observation et de tourments personnels, mais gardons ce chapitre-là pour plus tard !

***

Au quatrième étage, vivait Cédric, mon meilleur ami, avec ses parents. Tous les deux, nous étions du même âge. Fils unique, ses parents m'adoraient à l'image de la fille qu'ils n'auraient jamais et je dois reconnaître que j'aimais bien la place privilégiée que j'avais dans leurs cœurs. Je me sentais bien avec et chez eux. Ils me portaient de l'attention, ce dont j'avais besoin. Il me suffit de clore mes paupières pour que le crépitement aigre-doux des boissons gazeuses et le velouté des en-cas chocolatés me transportent à nouveau à cette époque. Nous étions nombreux à la maison et vivions avec le seul revenu de mon père, alors les petits " plus " n'étaient pas toujours possibles. Il fallait faire des choix. Je garde en mémoire que certains délices, spécialement réservés à mon frère cadet, exerçaient sur moi une irrésistible fascination, comme les MaronSui's... hummm... cette douceur était réservée à Marius. Cette mousse fondante et intense au bon goût de marron était le petit plaisir de mon cadet. J'avoue que j'ai bien dû en manger un ou deux en cachette, mais pas plus, promis !! Je me contentais d'une modération prudente... L'interdit a certainement rendu l'objet de ma frustration plus séduisant, alléchant, ce qui a éveillé mon intérêt pour ces douceurs sucrées, et, n'étant qu'une enfant, les petits plaisirs chez Cédric étaient d'autant plus appréciées.

Cédric et moi, passions beaucoup de temps ensemble, si bien que ses parents avaient pris l'habitude de rire en disant qu'un jour, nos jeux d'enfants se transformeraient en échange de vœux. Globalement, nous étions complémentaires et très complices. Bien qu'un peu réservé, son imagination était tout aussi débordante que la mienne. Très inspirés, nous avons inventé au moins une dizaine de passages secrets pour nous rendre à l'école primaire et autant de jeux improbables, nous avons aussi découvert l'intérêt pour les sports de glisse ensemble, le hockey pour Cédric et le patinage pour moi.

Au collège, nous partagions nos devoirs, nos amis, nos sorties, parfois nos punitions... De temps en temps, j'accompagnais les parents de Cédric pour des escapades en camping-car, dans ces moments-là, nous ne répondions plus de rien! Combien de langue avons-nous tirées lorsque nous étions dépassés par d'autres véhicules, alors à l'abri derrière le carreau du modèle voyageur ! Que l'insouciance est belle, qu'ils étaient bons ces moments, c'était chouette. Bien sûr, il nous arrivait de nous disputer, assez souvent même, nous réglions nos différents à grands coups de tirages de cheveux, la plupart du temps dans l'ascenseur puisqu'aucune issue n'était possible. De mémoire, aucun de nous n'a jamais lâché avant l'autre! Je ne peux m'empêcher d'afficher un sourire, nous étions tout de même de sacrés numéros ! Au fond, quelque chose en moi, de manière tout à fait inconsciente, le jalousait. Parce qu'il était fils unique, sa vie semblait comporter certains avantages qui auraient pu s'apparenter à des privilèges dans la tête d'une môme issue d'une famille nombreuse. Selon moi, il est indéniable qu'il avait accès à un certain confort et une disponibilité parentale différente de la mienne. Alors, il m'arrivait de le rouspéter de temps à autre, comme cette mauvaise habitude de ronchonner avec toujours plus d'aisance envers ceux qui nous sont chers, comme ce jour ou malgré moi, et, d'une manière incontrôlable, le ressentiment m'avait envahi à son égard.

Je garde en mémoire cet incident du temps du collège où il avait choisi le bus plutôt que de marcher côte à côte avec moi. Comme j'étais une élève externe, je devais retourner à l'appartement pour le déjeuner, et répéter l'aller-retour à pied quatre fois par jour perdait rapidement son charme et les jours de mauvais temps, mes arguments semblaient moins convaincants même si Cédric aimait bien ma compagnie.

Si seulement il avait été à mes côtés ce jour-là, peut-être que la peur m'aurait serrée moins fort contre elle.

***

Il patientait là, posté au niveau des boîtes aux lettres, juste devant la cage d'escalier, attendant sa proie. Pas de chance, ce jour-là, c'était moi. Je garde encore en mémoire sa dégaine et sa main agitant son sexe. Coincée dans ce minuscule hall d'entrée, entre l'ascenseur et l'escalier, j'étais sidérée par la vue de cet homme défroqué, prenant du plaisir et se laissant aller à des gémissements dégoutants devant une gamine de 11 ans. J'ai eu tellement peur. Il n'aura fallu que quelques secondes, une minute peut-être pour que je prenne la fuite par l'escalier en criant. J'ai déguerpi si vite que sa main n'a pas eu le temps de s'accrocher totalement à mon pull, pourtant je peux encore sentir les doigts machiavéliques déraper sur mon lainage. Les trois étages à grimper m'ont semblé durer une éternité. Tandis qu'il avait pris la fuite, l'idée même de me retourner m'horrifiait. Le soulagement de toucher enfin mon seuil s'est instantanément mué en panique lorsque mes yeux ont rencontré la serrure fermée de ma porte, m'abandonnant seule et vulnérable dans un couloir silencieux. Le souffle court, mobilisant l'ultime énergie qui me restait, j'ai martelé la porte sans réussir à émettre le moindre cri. Alerté par le bruit, le voisin a ouvert en même temps que mon père. À peine a-t-il entrouvert la porte, que déjà, j'étais à l'intérieur. Je me suis précipitée dans le couloir pour décrocher le colt à usage décoratif du mur et me suis jetée accroupie, dos à la porte suffoquant de larmes, comme prête à attendre mon agresseur. L'homme n'a jamais été confondu, mais une plainte contre X a été enregistrée suite à ma déposition, moment qui restera gravé dans ma mémoire. Apparemment, je n'étais pas la seule victime à la caserne; par conséquent, des mesures ont été prises et des portes renforcées installées, quant à moi, suite aux recommandations paternelles, j'ai maintenu mes habitudes et, c'était désormais armée de mon élégant parapluie-canne que j'allais continué de me déplacer, un accessoire très pratique pour se défendre selon mon père, mais que je considérais plus fantaisiste les jours de soleil... J'ai gardé ce réflexe très longtemps. Bien sûr, j'aurais pu envisager d'autres possibilités comme le vélo ou même les transports publics, cependant, compte tenu de la situation financière tendue de mes parents, souscrire à un abonnement de bus n'était pas une option. J'ai donc accepté la situation telle qu'elle était, sans montrer mon angoisse intérieure.

Mes parents font partie de la génération des crédits à la consommation des années 80-90. À un moment, il apparaît que ces derniers n'ont pas eu, sans doute, d'autre choix que d'y avoir recours afin d'assurer le quotidien. La problématique est qu'un emprunt en amène souvent d'autres, et sournoisement se construit un puits sans fond.

Dans ces conditions, le quotidien est difficile. Une fois les factures et les remboursements payés, les fins de mois se faisaient âpres comme chez bien d'autres familles en difficulté, les habits changeaient de mains, passant de cousin en frère, de sœur en cousine, le manque d'argent forçait souvent mes parents à repousser certaines activités, ou à économiser scrupuleusement, et comme le répétait Nicole, il fallait se serrer la ceinture. La question n'est pas de lancer une analyse comparative, mais de comprendre les émotions, le vécu associé à la différence. Dans notre éducation, on nous avait enseigné le silence des demandes et la courtoisie des remerciements. Notre mère annonçait sans mesure et avec emphase : "le Roi dit, nous voulons!". Pourtant, je me suis aperçue, souvent à mon désavantage, que bien des contraintes familiales auraient pu être mieux régulées sans les excès financiers de Nicole...

3
Nicole

Ce chapitre s'avère être, sans l'ombre d'une hésitation, la partie la plus éprouvante à écrire. Aujourd'hui encore, j'éprouve des sentiments mélangés entre regrets et colère. La déception remplace petit à petit la culpabilité, mais c'est toujours aussi douloureux. Cette déception est liée au fantasme des parents idéaux, de ceux avec lesquels je ne pourrais plus rien partager, mais encore faudrait-il que cela fut le cas un jour… Le partage n'a, à mon sens, jamais existé au sein de notre famille, toujours dans un sens, rarement dans l'autre, avec l'idée que l'on doit respect aux aînés…

***

Nicole, c'est ma mère. C'est le prénom qui résonne avec amertume dans mon esprit, symbole de relations tumultueuses et de souvenirs troublants. Issue d'une famille nombreuse de la classe moyenne, Nicole est l'avant-dernière d'une fratrie de six, composée de trois garçons et trois filles. Nicole est donc ma mère, bien

que je fusse la sienne quelques années en arrière. Lorsqu'elle parle de sa personne à l'adolescence, elle se décrit comme " une rigolote " que son entourage surnommait Charlotte. Elle raconte aisément les prouesses scolaires dont elle aurait été capable si elle avait été plus sérieuse, ne manquant jamais d'illustrer ses propos :
– Tu sais, j'aurais pu devenir médecin si je l'avais voulu ! me répétait-elle en boucle.
Mais il n'en a rien été. La possibilité d'intégrer l'internat religieux, loin d'être perçue comme une opportunité, s'est imposée à elle comme un fardeau dans une époque où la communication entre parents et enfants n'avait que peu de place. Nicole était restée dans l'incompréhension des efforts financiers soutenus par ses parents pour son éducation, faute d'avoir été informée de leurs espoirs de la voir s'investir pleinement dans ses études, vu ses aptitudes d'apprentissage. L'expérience de l'éloignement familial, selon Nicole, a été le catalyseur d'une curiosité grandissante pour les transgressions des règles. Ma mère est un être doté d'une certaine intelligence pour sûr, mais à mon sens, sa nature est aussi empreinte de malignité et d'un soupçon de perversité. Sa personnalité victimaire se faisant aidante, elle excelle à captiver l'attention et la sympathie des autres, ce qui me fait sortir de mes gonds, puisque sa parole en devient presque d'une

véracité absolue. Au plus loin que je me souvienne, Nicole n'a jamais été très affectueuse, alors pour les câlins et le réconfort, il fallait plutôt se diriger vers mon père, pourtant, pour épater la galerie et attirer l'attention sur elle, Nicole, ne lésinait pas sur les effusions en public, mais ces élans s'estompaient dès que les regards se détournaient.

L'histoire familiale maternelle m'échappe en grande partie, cependant, il m'a été impossible de ne pas noter les relations conflictuelles entre Jacques, mon père et certains membres de sa belle-famille. Ma mère évoquait son père avec une grande affection, s'efforçant toujours d'alléger ses épreuves, notamment lorsque, interdite de table, il lui apportait des plateaux en guise de dîner dans sa chambre. Ma grand-mère possédait une nature plus sévère, elle n'a pas eu la vie facile, un accident vasculaire cérébral survenu à l'âge de trente-six ans l'a rendu hémiplégique, avant que la maladie d'Alzheimer ne fasse inexorablement son œuvre. Cette maladie neurologique a laissé des traces dans ma mémoire. J'ai toujours connu ma grand-mère ainsi, peu bavarde et observatrice. En réalité, elle était déjà dans un ailleurs, perdue dans sa mémoire, et vivait dans le passé. Un passé dans lequel elle n'avait pas encore d'enfants et encore moins de petits-enfants. Les périodes estivales déclenchaient chez elle des orages émotionnels et des gestes hostiles avec sa canne, moment où sa maison de campagne se voyait envahie, dans sa perception altérée, par des visages non reconnus tels que ma tante, son mari, leurs enfants et moi, une conséquence directe de sa vie figée dans le temps. C'est un souvenir douloureux pour moi, ce n'est pas évident à onze ans d'être secouée ainsi. Décidément, l'amour inconditionnel ne trouvait jamais sa place parmi mes proches, et, mon cœur de petite fille s'est habitué à grandir ainsi, dans la carence affective. Heureusement, Alfred, mon grand-père maternel était un homme affectueux et généreux, je garde en mémoire des souvenirs agréables en sa présence, il savait trouver les mots pour apaiser, comme les petites attentions qui donnent le sourire, comme les bonbons au réglisse « Stop Tout », la pièce de dix francs donnée en douce ; « les canards dans le café » ou les prunes à l'eau-de-vie. Il nous a quittés lors de ma treizième année, cette année-là, je ne l'oublierai jamais, c'est l'année où tout a basculé.

***

Au début des années soixante-dix, Nicole a rencontré mon père lors d'un bal en plein air. Ma mère était une jolie jeune femme, une brune d'un mètre soixante aux formes généreuses. Déjà courtisée, elle a choisi l'homme qui allait devenir mon père sans hésitation et du haut de leur jeune âge, ils se sont lancés dans la vie les poches vides.

Bien que je ne souhaite pas m'attarder sur le passé de mes parents, je ne peux m'empêcher de leur chercher des circonstances atténuantes, peut-être dans l'espoir de nuancer les conséquences de leurs actions. En d'autres termes, indépendamment des aléas de l'existence, les enfants ne devraient jamais être impliqués dans les conflits des adultes. On ne peut nier que la vie est jalonnée de difficultés, certaines atteignant une intensité accablante, mais, n'est-ce pas la principale mission des parents que d'assurer à leurs enfants un environnement avec lequel règnent amour, sécurité, bienveillance et protection?

***

J'ai peu de souvenirs de moments chaleureux partagés avec ma mère. Pas très maternante, elle n'était pas tactile et j'ai beau me creuser les méninges pour rappeler à ma mémoire un câlin, je n'y parviens pas. Hormis les moments où elle tressait mes cheveux, ceux passés à assembler un costume de clown pour la fête de mardi gras et lorsque, âgée de sept ans, j'ai feint de porter son ventre arrondi pour lui offrir un semblant de répit, photo à l'appui, je ne parviens pas à me souvenir DU lien d'Amour. C'est en grandissant, dans le tumulte de l'adolescence, qu'une complicité à sens unique s'est formée avec Nicole, ponctuée de confidences uniques et de secrets partagés, comme cette fois où, sous mes yeux, elle a été surprise en flagrant délit par un vigile avec des produits de beauté volés à la sortie d'un magasin.

Je n'ai jamais connu Nicole en activité professionnelle, je sais qu'elle a travaillé un temps dans un magasin de laine et que cela n'a pas duré. Elle est très manuelle, en couture, tricot, elle est douée, c'est vrai, je crois bien que rien ne lui résiste. Elle a toujours occupé ses journées ainsi, en tricotant devant une série ou un film, puis elle s'est mise au patchwork et bon sang, comme elle est douée. Très minutieuse et appliquée, elle assemblait des minuscules morceaux de tissus les uns avec les autres pour donner vie à un tableau, de véritables tentures, magnifiques. Tellement habile, qu'elle parviendra plus tard à donner des cours au sein d'une association. Évidemment, ces activités manuelles nécessitaient quantité de matières premières telles que laine, tissu, boutons, rubans, biais, aiguilles... Par conséquent, elle se retrouvait souvent à renouveler son stock et laissait une somme conséquente derrière elle chaque fois qu'elle passait en caisse. Très fréquemment, pour ne pas dire constamment, Nicole me rendait complice de ses petits secrets, me faisant promettre de garder le silence auprès de mon père. À mon sens, ses arguments étaient logiques, motivés uniquement par l'impératif, la nécessité... et, elle avait cette fâcheuse manie de m'impliquer dans ses cachoteries. Le fameux secret partagé, de celui ou de ceux que nous continuons de porter en nous des années durant. Jusqu'à maintenant, le mystère reste entier quant à ses raisons de m'entraîner dans ses secrets à cacher à mon père, si elle avait gardé à sa discrétion certains de ses actes à dissimuler, je serais resté dans l'ignorance. Est-ce en cela que réside la nature perverse de son acte ? Cela réveille en moi, l'un des tout premiers moments vécus comme une injustice : l'histoire des patins à glace.

***

Les patins à glace

Comme raconté un peu plus tôt, Cédric et moi avions développé de l'intérêt pour les sports de glace ensemble. J'étais dans ma treizième année lorsque nous avons pris l'habitude de fréquenter la patinoire les mercredis après-midi. Alors que Cédric rejoignait l'équipe de hockey, je me lançais dans le patinage artistique, une activité sportive que j'aimais passionnément. C'est là que j'ai noué des liens avec un cercle intime d'amis, y compris Flore, que j'affectionnais tant sous le doux surnom de " ma Flo ". Tout comme moi, elle était issue d'une famille de pompier, cependant elle n'habitait pas à la caserne. Je me sentais un peu libre et heureuse dans cet espace pourtant glacé. Hélas, le coût élevé de ce sport a empêché le renouvellement de la licence après deux ans, mais je profitais de chaque occasion pour participer aux séances publiques les mercredis et samedis après-midi.

Un jour de compétition amicale, je me suis blessée sur un saut. À la réception, ma cheville a vrillée manquant de renfort. Mon entraineur a suggéré à mes parents de m'équiper de patins avec un meilleur maintien, alors dans cette idée, un après-midi d'octobre, Nicole et moi nous sommes rendues dans une boutique dédiée aux sports de glisse dans un centre commercial non loin de la caserne, en quête de nouveaux patins. Ils étaient là, les " cristal star "… Ils étaient parfaits, magnétiques, et d'un coût modéré si l'on considère l'éventail de choix qui trônait en rayon.

Débourser 500 francs *(aux alentours de 77 euros actuels)* n'était pas anodin, mais ma mère, consciente de leur coût, m'avait assuré qu'ils seraient miens pour les festivités de Noël, me demandant alors, de patienter avec ceux que j'avais en attendant. Il me faudrait patienter quelques semaines, mais cela n'a pas diminué mon enthousiasme pour autant. Profitant de notre présence dans la galerie commerciale, nous sommes allées faire un tour dans une grande mercerie d'enseigne populaire où travaillait la mère de Cédric d'ailleurs, mais elle n'y était pas ce jour-là. Après quelques tours dans les rayons, nous avons rejoint la caisse les bras chargés d'articles de couture. L'annonce du total par l'employée a provoqué en moi un vertige soudain; la somme à payer a anéanti toute compréhension du sermon maternel précédent. Perdu dans l'incompréhension, j'ai ressenti la douloureuse sensation d'être laissée pour compte par une mère qui semblait privilégier ses propres désirs. Pourtant, Nicole répétait très souvent cet adage: "ce que tu ne veux pas qu'on te fasse, évite de le faire aux autres". Voilà comment fonctionne ma mère.

***

Nous avons trente ans d'écart. À cette époque, ma mère privilégiait le confort à la féminité, portant souvent des jeans amples, de larges chemises à carreaux et des chaussures en cuir à lacets avec de grosses semelles, appelées des " écrases merdes " dans les années quatre-vingt-dix. Elle portait les cheveux courts à la garçonne avec une permanente bouclée laissant apparaître ses cheveux poivre et sel. Disons, qu'en grandissant, ce n'est pas le genre de tenue qui aide à satisfaire son narcissisme adolescent notamment lors des réunions parents professeurs ou devant les copains. Si cela avait été le seul problème, je me serais adaptée, après tout, nos parents sont nos parents, non ? Mais, je connaissais le sens de son choix vestimentaire. Vous aviez oublié ? En première ligne, je suis devenue rapidement la confidente de ma mère, mais uniquement pour certains sujets, les sujets dont elle se sentait victime. À l'époque, âgée de quatorze ans, je ne comprenais pas que sa réticence à embrasser pleinement sa féminité venait de la crainte excessive d'être irrésistible aux yeux de mon père, ce qui l'aurait contrainte à honorer des " attentes conjugales ".

À la maison, elle avait l'habitude de dire " c'est donnant donnant ", impliquant que tous les privilèges, tels qu'une permission de sortie, devaient être gagnés. J'ai très vite compris que cela ne serait pas si simple, elle a toujours eu l'art et la manière de tirer la couverture vers elle, et mon côté serviable ne serait que rarement suffisant, alors c'est vrai que j'ai commencé à contester. Je ne trouvais pas ça juste ! J'avais franchement le sentiment que ma mère se contentait majoritairement d'imposer son autorité, plutôt que de participer activement aux corvées domestiques. Les tâches ménagères étaient bien orchestrées et se partageaient à trois lorsque Louis et Mathilde vivaient encore à l'appartement. Tour à tour, nous prenions en charge la table, le rangement ou la vaisselle, l'entretien des sols était assumé spontanément par l'un d'entre nous et en ce qui concerne le linge, nous étions complètement indépendants, assurant tout, du lavage au repassage.

Mon père, Jacques, dont le rôle se limitait à gagner le pain quotidien, laissait les tâches ménagères à d'autres, néanmoins, il avait quelques bonnes idées pour m'occuper lorsque je m'ennuyais. En 1993, nous ne connaissions pas le numérique. Le téléphone portable et les réseaux sociaux n'existaient pas, internet non plus d'ailleurs, nous avions une télévision dans le salon qui était la plupart du temps regardée par Nicole, alors difficile de ne pas tourner en rond, surtout à quatorze ans. J'avais beaucoup d'imagination d'habitude, mais tout ce qui m'intéressait ce jour-là, c'était de rejoindre mes amis à la patinoire. Malheureusement, mes résultats scolaires étant insuffisants, j'étais à nouveau punie. Ce fut régulièrement le cas, la raison majeure étant liée à la scolarité. Il faut reconnaître que je ne fournissais que l'effort minimum pour atteindre la moyenne; l'idée d'une approche différente, où mes parents auraient pu me soutenir et m'inciter à découvrir une méthode de travail plus efficace, ne leur a probablement jamais effleuré l'esprit. Non, l'apprentissage se fait seul. Vu que je ne débordais pas sur le reste, mes notes moyennes servaient de prétexte pour garder un œil sur moi et conserver le contrôle. Évidemment toujours punie de patinoire, genre le trimestre entier sans concessions possibles, c'était long, très long… Un jour, j'ai probablement dû répéter en boucle que je m'ennuyais, alors mon père s'est exclamé : " Tu t'ennuies ? ". Il m'a donc trouvé une occupation. Ainsi, j'ai astiqué les vitres intérieures et extérieures de tout l'appartement, jusqu'à ce que les rayons du soleil nous obliges à porter des lunettes de soleil ! En d'autres termes, j'ai frotté longtemps. En prime, excepté pour la chambre de Louis, je pouvais observer les allées venues de mes amis derrière chacune des fenêtres de l'appartement. Je n'ai plus jamais dit que je m'ennuyais après ça !

4
La bombe

De ces années adolescentes, j'ai le sentiment étrange d'avoir conservé quelques habitudes, réflexes ou conditionnement, je ne sais pas. Souvent, les yeux dans le vide, je regardais par la fenêtre, de longues minutes. Comme ça, pour rien. Je me sentais absente, vide, comme si j'attendais que le temps passe, que quelque chose se produise. Au volant de ma voiture, c'est la même sensation, en pilotage automatique, mes pensées dérivent, s'envolent deviennent arborescentes et puis tout d'un coup, je réalise que le trajet a avancé.
Souvent absente du groupe amical, car régulièrement privée de sorties, même si les raisons pouvaient varier, j'ai manqué de nombreuses d'expériences typiques de l'adolescence, ces petites joies et aventures qui renforcent les souvenirs entre amis et marquent la jeunesse. À un moment, je ne pouvais même plus me rendre à la patinoire pour y rejoindre mes amis ou assister aux matchs de hockey. J'étais interdite pour différentes raisons comme mon âge, le moment inapproprié, un besoin de ma présence pour telle ou telle raison, ou simplement parce que je ne le méritais pas. Alors, avec Cédric, nous avons élaboré une ruse ! Lorsque les autorisations devenaient trop rares, je

prétextais la nécessité de faire des recherches pour mes devoirs et donc, l'utilité d'aller à la bibliothèque. Ce magnifique bâtiment bordelais étant quasiment annexé à la patinoire, il m'était facile de m'éclipser quelques dizaines de minutes par la porte de derrière, et ainsi rejoindre ainsi mes amis par les coulisses de la patinoire, lieu sacré de mon adolescence. Malgré mes efforts pour rester incognito, notre couverture n'a pas tenu très longtemps ; Nicole a vite percé notre secret, ce qui m'a coûté quelques semaines de punitions supplémentaires.

Je garde en mémoire l'ennui interminable de ces journées qui s'étiraient à l'infini. Fréquemment, je décrochais l'interphone dans l'espoir d'entendre des signes de mouvement, des échos du monde extérieur. L'oreille sur le combiné, je m'accrochais aux moindres sons à travers l'interphone, cherchant à attraper les éclats de vie des passants, c'était comme vivre dans une séquence gelée, où chaque tic-tac semblait suspendre davantage mon histoire personnelle. Mon corps continuait sa croissance, sa métamorphose vers un corps d'adolescente dans un cadre normé et sans doute trop contenu qui m'a bridée sur beaucoup d'aspects, je manquais d'air. Le modèle éducatif de mes parents n'a pas évolué avec les années, ni avec la société malgré leur expérience de parents. Ils sont restés dans ce système qui différencie l'éducation des filles et des garçons, sûrement par peur ou par croyances limitantes, je ne sais pas. Alors, quand d'autres adolescents, pouvaient compter sur des "permissions", de mon côté mes amis devaient toujours intercéder en ma faveur. Encore fallait-il que ce soit l'ami (e) choisi sous entendant, l'ami (e) préféré de ma mère, car moi, je m'étais conditionnée à leur négation. Pour survivre à cette période, il m'aura fallu développer une imagination hors norme. Mon esprit s'est employé à vagabonder dans un imaginaire réconfortant, sans barrières, dans lequel je pouvais choisir différentes options. J'avais pris l'habitude d'embrasser la vie à distance, écoutant avec envie mes amis dépeindre les mésaventures et les joies de leurs " boums ", ces soirées emblématiques et festives des années 90.

À défaut de smartphone pour l'époque, avec mes amis, nous avons commencé à communiquer par messages écrits. Au début, il s'agissait de petits morceaux de papier déchirés à la va vite pour se terminer par une habitude validée par l'ensemble du groupe. C'est ainsi que notre petite tribu amicale s'est mise à rédiger des lettres. Nous les échangions entre les cours ou en cachette en bas de chez moi, à la caserne, alors que je me portais très régulièrement volontaire pour aller acheter une baguette de pain. En dernière option, Cédric me les transmettait. On s'y racontait nos histoires adolescentes, nos confidences et la colère envers nos parents aussi. En somme, si vous vouliez connaître notre intimité, nos secrets, lire ces courriers était la parfaite idée. Eh bien, Nicole l'a eue, cette idée...

***

Ce n'est qu'à l'âge de dix-sept ans, à l'issue d'une violente querelle, que j'ai finalement réalisé que ma mère s'immisçait dans ma vie privée depuis des années, fouinant dans mes affaires, espionnant mes appels et interceptant mes courriers. Plus de trois longues années d'atteintes à ma vie privée, d'intimité souillée, elle jubilait. Pendant qu'elle se réjouissait de ses découvertes sordides cédant à une colère incontrôlable, elle divulgua des secrets qu'elle ne pouvait en aucun cas connaître, soudain la vérité m'assaillit, empoisonnant mon âme d'un ressentiment indélébile, me laissant un goût amer à tout jamais.
Qui fait ça ? Et pourquoi ? Loin d'être une délinquante, j'étais à l'opposé de cette réalité, m'efforçant simplement de trouver ma place et d'explorer l'existence, tout en étant retenue par des circonstances contrariantes. La vie n'était pas simple à la maison. L'éducation stricte me contraignait à peu de liberté, et là, celle que je parvenais à trouver avec mes pairs, à travers les écrits ou par téléphone venait d'être annulée par Nicole. Quel était son but ? Vivre ma vie ? Vivre à travers moi ? Je réalisais petit à petit qu'assise à l'étage,

conversant avec Zoé, le deuxième téléphone était en fait décroché. Combiné collé à l'oreille, elle écoutait. Elle écoutait mes amours, elle écoutait mes peurs, elle écoutait mes rires, elle écoutait mes projets, elle écoutait ma colère, elle écoutait ma vie !

Récemment, je suis tombée sur un tas de vieilles lettres, notamment celles rédigées par Zoé en juillet 1996. C'est amusant et à la fois étrange de se remémorer avoir été un jour adolescente. Avec l'âge, l'insouciance, pour ceux qui la connaisse, disparaît alors que les responsabilités et les soucis de la vie d'un adulte prennent le relais. Parfois ce passage est plus brutal et se manifeste plus tôt que prévu. En ce qui me concerne, j'avais treize ans.

***

À ses dix-huit ans, ma sœur a quitté le domicile parental et mon frère aîné était de plus en plus souvent absent. Marius et moi, étions donc la plupart du temps seuls avec nos parents. Après son départ, je me suis installée dans la chambre de Mathilde, elle se trouvait à l'opposé des autres chambres de l'appartement, entre la cuisine et le salon. Initialement, cette pièce était un petit salon qui avait été transformé en chambre supplémentaire par le biais d'une cloison en lambris, c'était joli, mais l'insonorisation était plutôt médiocre. C'est comme ça que j'ai commencé à entendre quelques échanges houleux entre Jacques et Nicole. Je percevais que leur relation était complexe, elle l'était déjà depuis toujours, je pense, mais j'étais trop jeune pour le comprendre et très loin d'imaginer ce qui allait suivre.

Alors que je me trouvais dans ma nouvelle chambre, je ne saurais pas dire à quel moment de la journée, même si j'ai le sentiment qu'il s'agissait de la fin d'après-midi, j'ai entendu une nouvelle dispute exploser entre mes parents. Nicole, ma mère, pleurait et semblait faire des reproches à mon père. L'instant d'après, j'ai compris. L'amère réalité s'est imposée à moi. Jacques, mon père, avait trouvé du réconfort dans les bras d'une étrangère. Le vacarme ambiant m'a poussé à sortir de ma chambre. J'observais la scène comme dissociée, mes parents ne paraissaient pas me voir, et pourtant j'étais bel et bien là, ressentant chaque pulsation de mon cœur comme des coups de marteau résonnant dans mes tempes. Ma mère avait les yeux gonflés par les larmes, elle paraissait avoir perdu plusieurs dizaines de centimètres, recroquevillée devant mon père, comme écrasée par l'évidence. Elle venait de soumettre mon père à un interrogatoire auquel il a fini dans un éclat de voix par avouer la triste vérité. Et puis, il est parti... Nicole a bien essayé de le retenir, déchirée, elle a glissé à terre, ses mains agrippant le tissu de son pantalon dans un effort futile pour le garder près d'elle. Sans un mot, sans un regard, il est pourtant passé tout à côté de moi. Mon père, Mon père que j'adulais, il m'a ignorée sans doute perturbé par la violence des mots échangés avec ma mère. Il est parti. Où ? Aucune idée. Dans mon esprit, il avait certainement cherché solitude et réconfort dans l'isolement de son bureau, situé à l'extrémité de la caserne, à distance de l'appartement. Je ne l'ai pas revu avant le lendemain. Moi? Je suis restée là, avec Nicole en pleurs. C'était la première fois, celle qui allait marquer le début d'une série si répétée que j'allais bientôt perdre le compte de ces instants, tragiquement fréquents.

***

Les passages à l'acte

Elle ne m'a rien caché.
– Ton père me trompe ! Elle habite en face au Poman, cette salope !
 Située juste de l'autre côté du cours maréchal Foch, le Poman, une résidence élégante, était un repère incontournable sur notre itinéraire habituel : on y passait en allant faire les emplettes, déposer Marius à l'école, ou encore quand je rendais visite à Flore, mon amie de toujours. En somme, cette résidence était un des points cardinaux de tous nos déplacements.

– Elle sait à quoi tu ressembles, il lui a montré une photo de vous quatre ! m'a-t-elle crié au visage.

Merci pour cette information maman !! Cela a bien contribué à me rendre anxieuse, voire parfois parano. Imaginez, à chaque fois que je passais devant cette résidence, je ne pouvais m'empêcher d'imaginer cette femme. J'imaginais qu'à tout moment, je pourrais la croiser, qu'elle allait me reconnaître sans que moi, je le puisse, ne connaissant pas son identité. J'avais en ma possession les éléments que Nicole m'avait jetés au visage, proches ou probablement très loin de la vérité.

***

Le quotidien est devenu impossible suite à cela. Je me trouvais à la patinoire, la première fois que ma mère a tenté de mettre fin à ses jours. C'était un mercredi en fin d'après-midi. J'étais là, sur la glace avec mes amis, lorsque j'ai vu Jacques en tenue d'intervention. Il donnait la main à Marius. J'ai compris tout de suite qu'il se passait quelque chose de grave. Il m'a confié mon petit frère m'expliquant brièvement qu'il devait conduire Nicole aux urgences pour un lavage d'estomac suite à une ingestion massive de médicaments. Il ajouta l'espoir que l'équipe médicale lui administre un lavement mémorable pour graver le souvenir dans sa mémoire la dissuadant ainsi de réitérer son acte.

Dans un silence de plomb, retenant mes larmes pour ne pas inquiéter Marius, nous sommes rentrés, sa main dans la mienne, jusqu'à l'appartement. Je n'ai pas pu, ni même su lui expliquer la situation. Je n'avais que quatorze ans, Marius seulement six, il n'aurait sans doute pas compris. L'appartement, désert, accentuait un sentiment de solitude oppressant. J'ai pris soin de mon cadet, les aînés n'étant pas là. Les heures passant, toujours sans nouvelles, je me suis occupée de mon petit frère. Nous avons mangé, ensuite, il y a eu le bain, l'histoire, le câlin et il s'est endormi, l'air serein. Qu'avait-il compris de ce qui venait de se passer ? Moi-même, j'en étais sonnée. Comment intégrer que ma mère avait voulu mourir, car c'était bien de cela dont il était question. Elle avait voulu partir pour ne plus jamais revenir.

Bien plus tard dans la soirée, mes parents sont rentrés. Nous n'avons pas parlé de ce qui venait de se produire, je n'ai eu droit à aucune explication, a aucun câlin ou geste d'affection, comme à chaque fois d'ailleurs. Tout n'était que silence. Même aujourd'hui, il m'est impossible de saisir les raisons qui nous ont empêchés d'évoquer le sujet avec Louis ou Mathilde. Je veux dire vraiment jamais ! C'est étrange, de manière implicite, nous savions tous que nous étions une famille factice, dysfonctionnelle et sous l'emprise de nos parents, mais nos vécus, nos histoires étaient différentes. Ce n'est que récemment, durant l'été écoulé, que Louis et moi avons pu parler franchement de notre passé, et avec une sincérité touchante, il a exprimé ses regrets de ne pas avoir perçu les épreuves que j'avais traversées et l'étendue de mes souffrances.

Ma mère a continué à déraper lentement les mois suivants, requérant mon aide pour des tâches toujours plus nombreuses. Ça s'est fait insidieusement. Au début, elle se contentait de me demander de chercher Marius à la sortie des classes; mais avec le temps, je me suis retrouvée submergée par un flot croissant de corvées, et puis, elle a commencé à avoir des comportements compulsifs, les achats, la kleptomanie… Lorsque nous allions faire les courses, elle volait des petits objets sans intérêt. Je me souviens d'un coupe-ongles, de produits cosmétiques qu'elle glissait dans sa poche ou dans son sac à main. Pour quelles obscures raisons se livrait-elle à de tels comportements alors que j'étais témoin ? Je ne l'ai jamais confrontée, incertaine qu'elle fût en mesure d'expliquer les motifs de ces réactions compulsives. J'étais là telle une spectatrice et moi, je ne pouvais rien faire, rien dire, c'était ma mère. Aujourd'hui, je possède un éclairage différent sur certains de ses comportements, ce qui ne facilite pas de manière systématique la prise de distance, mais à l'inverse vient générer une nouvelle forme de culpabilité, face à la réponse d'un désordre affectif, une sensation de vide intérieur.

Ses colères étaient imprévisibles et dévastatrices ! Elle entrait dans des furies incontrôlables s'acharnant sur la vaisselle à grand coup de rage et bien qu'elle avait souvent la main leste, le plus douloureux restait ses paroles d'une violence si cruelle et corrosive qu'elles ont transpercés mon cœur pour toujours.

Une fois, elle m'a assommée de reproches culpabilisants en plein centre commercial d'une manière totalement hystérique, j'étais tellement gênée. Elle venait de trébucher avec son cabas à roulettes, ce qui avait ébréché un plat en forme de feuille de vigne acheté pour être offert à la compagne de mon grand-père paternel. Sans doute, avait-elle besoin d'un où plutôt d'une responsable, comme je l'étais souvent à ses dires. Elle n'a pas osé offrir ce plat, alors ce dernier a trôné des lustres sur la table du salon, m'offrant ainsi la possibilité de me souvenir à ma guise de cette engueulade que j'aurais bien volontiers oublié !

***

Elle a continué à glisser, à se laisser aller. Déjà pas très féminine, elle s'est davantage négligée. Blessée dans son estime de femme, elle a sans doute pensé qu'il était temps de faire mon éducation sexuelle, de manière à être armée voire prête à détester la gent masculine.

– Avoir une relation sexuelle, ce n'est pas ce que tu crois ! me répétait-elle.

Elle soutenait fermement que c'était plus une obligation qu'une source de jouissance, elle a abordé la question de la frigidité n'oubliant pas de me préciser que c'est sûrement une description qui pourrait correspondre "à l'autre" et puis, elle me confiait ses petits trucs et astuces.

– Si je prends du poids, ce n'est pas un hasard ! Comme ça, je suis tranquille, ton père ne m'embête pas... (Entendez, "je suis moins désirable"...)

Dans ma tête de jeune pubère raisonnaient des " *ah bon ? Bah, qu'est-ce que c'est alors ?* " Mais les réponses ne venaient pas, laissant pleins de doutes et de questionnements dans mon esprit. Mon imaginaire tentait de se construire une référence à l'Amour, au désir, à l'acceptation de ce corps féminin, mais tout ce qui semblait être possible de la transmission maternelle, était décrit comme sale et subit.

À dix-sept ans, seule et inexpérimentée, j'affrontai en solitaire l'épreuve de mon premier examen gynécologique. L'expérience fut loin d'être agréable et a laissé une empreinte amère dans ma mémoire. Comme à son habitude, Zoé demeurait à mes côtés, m'offrant son soutien silencieux depuis la salle d'attente. L'une comme l'autre, nous partagions l'absence d'une figure maternelle attentive, nos mères respectives ayant des priorités autres que l'éducation de leur progéniture. Je dois dire que ce moment particulier où l'on dévoile son corps dans sa nudité n'est pas du plus plaisant, surtout si l'on n'est pas psychologiquement préparé et que l'on entretient déjà une relation complexe avec son image corporelle. La première consultation chez le gynécologue suscite un flot d'interrogations chez les jeunes filles, d'où selon moi, l'importance d'assurer une présence rassurante à sa fille tandis qu'elle franchit ce cap, quand bien même, il serait difficile de cerner comment initier et développer la discussion. En réalité, les raisons de cette première rencontre peuvent être multiples, mais elles sont toutes valables. À mes yeux, l'écoute et la présence bienveillante maternelle sont essentielles et même face à des expériences douloureuses touchant à l'intimité et à la sexualité, il me semble important d'épargner à sa fille l'héritage de ce fardeau que l'on porte, car elle n'en est pas responsable.

De mon côté, je peux entendre que Nicole se soit construite sur des fondations bancales et que n'ayant pas une grande estime d'elle-même, elle n'ait pas su faire, toutefois, je ne peux m'empêcher de sonder sa nature, qui, à mon sens, oscille dangereusement vers la perversité. Avec mes yeux d'adulte, mes quatre années de thérapie, mon bagage professionnel en tant qu'infirmière dans un service pour adolescents en souffrance, discerner plus clairement ne signifie pas que tout s'éclaire, au contraire, il est probable que l'on se cache la vérité avec plus d'obstination.

***

Après quelque temps, j'ai finalement supposé que mon père avait mis fin à son aventure. Néanmoins, mes parents ont décidé de se donner une seconde chance et pour cela, il était nécessaire de prendre de la distance géographique, ce qui avec mon regard d'adolescente semblait être une stratégie douteuse, sachant que pour les besoins de son emploi, mon père était contraint de se rendre quotidiennement à l'endroit où tout avait basculé. En bref, retour à la case départ, la campagne. Fin de l'épisode adolescence en ville, bonjour champs et silence, il était temps de faire mes adieux à mon univers d'adolescente, j'ai donc tiré ma révérence…

5
Se retrouver, créer de nouveaux repères…

J'ai 15 ans. Je retrouve une maison que je ne connais plus depuis mes huit ans. On m'avait persuadée que je réintégrerais sans peine le cercle de mes anciens camarades, que j'allais me plaire et surtout que c'était nécessaire pour le bien de la famille. Sauf que nous sommes partis à six et que nous revenions à quatre, nous ne ressemblions plus à ce que nous étions, l'image de la famille unie, complice n'existait plus. J'ai ouvert les yeux depuis. En revenant ici, j'ai perdu tout ce qui avait de l'importance à mes yeux. Quitter la ville pour la campagne, c'est un sacré changement, notamment à l'âge où nous commençons à se détacher des parents, prendre de la distance avec eux et là, j'allais me retrouver en tête-à-tête avec ma mère.

***

Nous étions en 1994, l'absence de transports en commun au-delà des limites de Bordeaux rendait la rive droite aussi lointaine qu'un autre continent, du moins dans mes yeux d'adolescente, ainsi, la visite de mes amis s'apparentait à un véritable défi logistique. Il m'a fallu m'adapter, et trouver des stratégies pour garder un minimum de lien. Durant cet été 94, la majorité de mes journées était consacrée à échanger des coups de fil et à couvrir des kilomètres de papier de mes mots pour des amis, préservant ainsi notre amitié. L'été fût très long, l'éternité semblait même s'être invitée, chaque jour s'étirant lentement vers l'horizon infini. Seule bonne nouvelle, entre mes parents, les relations semblaient s'être apaisées…

***

Le jour de la rentrée scolaire, il m'a fallu tout recommencer. C'est le lot de beaucoup d'adolescent dont les parents déménagent ou se séparent, et c'est ce qui m'a d'ailleurs permis d'avancer. Il n'empêche que je me sentais seule, un profond sentiment de solitude qui paraissait s'être ancrée en moi telle une ombre persistante sur mon chemin de vie. Et puis, j'ai fait la connaissance de Zoé. Un coup de cœur amical ! Elle est entrée dans ma vie et n'en est plus jamais ressortie.

« L'amitié vaut plus que parenté »

Entre Zoé et moi, ça a matché instantanément ! Nous avions besoin l'une de l'autre, sans elle, je n'aurais pas eu la force d'affronter les deux années à venir. On ne s'est plus quittées et nous nous sommes épaulées l'une et l'autre dans nos malheurs, nous avons essayé d'avoir quelques moments d'insouciance, de légèreté, mais la réalité nous a souvent rattrapée. En tant qu'aînée de cinq enfants, Zoé portait le poids de nombreuses responsabilités. Tout comme moi, elle semblait survivre. Je crois que pour chacune de nous, l'autre était un cadeau de l'Univers, une douceur de vivre dans un quotidien bien maussade. J'étais là pour elle et, elle était là pour moi. Un lien du cœur, une connexion mutuelle profonde et sincère, empreinte d'un Amour Inconditionnel.

Il m'est difficile de retracer les événements douloureux de cette période. Mes luttes étaient continuellement solitaires et quand elles ne l'étaient pas, c'était grâce à la présence réconfortante de Zoé. J'avais appris à enfouir mes peurs profondément en moi, jusqu'à ce cataclysme, jusqu'à cet instant où un tsunami émotionnel m'a submergée tout entière.

***

« Ce qui ne tue pas rend plus fort »

C'est un fait, mais les traces de la souffrance restent. Après la rentrée des classes, les conflits ont de nouveau explosé à la maison. Vaisselle cassée, portes qui claquent, nombreux éclats de voix, violence physique, rage, désespoir, chantage affectif, pleurs beaucoup trop de pleurs. Chaque jour, ma mère vacillait davantage, ses crises de larmes s'aggravaient avec une régularité grandissante. Elle se délaissait, renonçant à son apparence et à l'idée de s'habiller. Sur le canapé, elle demeurait figée, enveloppée dans sa robe de chambre bordeaux, les pieds glissés dans ses chaussons élimés. Au fils des jours, Nicole sombrait, laissant aller ouvertement sa souffrance, elle me donnait même le sentiment d'attendre mon retour pour s'effondrer. Elle s'apitoyait sur sa vie, et cherchait constamment à me rallier à sa cause au cœur du conflit conjugal. Elle ne manquait pas d'élever la voix en menaces si mes réactions ne s'alignaient pas sur ses attentes, recourant tantôt à l'intimidation utilisant la carte du chantage affectif ou à l'effroi que suscitait la perspective d'une punition corrective infligée par l'exécuteur des peines, mon père.

Même dans le chaos de leur couple, ces deux-là sont parvenus à garder quelque chose d'étonnant dans leur fonctionnement. À défaut de certains adolescents dont les parents se séparent et obtiennent une légèreté éducative, les miens restaient ensemble. Le foyer était le théâtre de disputes parentales continues, ils excellaient dans l'art de s'entre-déchirer, néanmoins, ils ne démordaient pas pour autant de leur alliance éducative malsaine des plus oppressives en m'imposant une discipline sévère. Je n'ai jamais compris. Tandis que mon père brandissait la violence comme arme, ma mère usait de chantage et de menaces; à l'inverse, mes propres rébellions verbales à l'injustice, même à 16 ans, finissaient invariablement en faveur de ma mère. Alors qu'il abandonnait le foyer pour des raisons partiellement semblables aux miennes, mon père n'a jamais semblé reconnaître le fardeau insupportable que je portais chaque jour. Avait-il fait le choix conscient d'ignorer ma détresse? Pour ma part, choisir n'était pas une option, je n'avais pas le droit à l'erreur.

Et puis, elle a réitéré.

Encore et encore.

À de maintes occasions, elle a flirté avec le néant.

Encore et encore.

Elle a joué avec moi.

Encore et encore.

Elle a dansé avec la mort.

***

Au début, j'étais terrorisé à l'idée de perdre ma mère, de rentrer au domicile et de ne trouver plus qu'un corps, sans vie. Mais les tentatives trop nombreuses m'ont conduite justement à ne plus y croire. Sans aucun doute, la douleur était là, mais il émanait de ses actions une certaine théâtralité. Ses passages à l'acte survenaient invariablement en ma présence ou juste après mon arrivée. Pour les épisodes qui se déroulaient hors de ma vue, je me suis parfois demandée si elle ne jouait pas la comédie d'un acte désespéré, alors à force, j'ai renoncé à prévenir les secours.

J'avais treize ans lors du premier passage à l'acte suicidaire de ma mère et vingt-huit ans lors du dernier connu… Les actes recensés par mes souvenirs s'élèvent à une quantité significative, surpassant le simple concept de " plusieurs ". Le plus souvent, elle optait pour une auto-intoxication médicamenteuse, se tournant vers un anxiolytique notoire; puis, graduellement, elle intensifia ses tentatives jusqu'à l'appel tragique du vide, la tentation mortelle de se jeter devant les véhicules en mouvement, l'éclat menaçant du métal aiguisé…

Elle a fait ses débuts effroyables à la caserne. Elle voulait sauter. L'entresol en plus, notre appartement du troisième étage plaçait le balcon à une hauteur qui suscitait une certaine appréhension. C'est ce qu'elle m'a dit lorsque je l'ai retrouvée une jambe engagée dans le vide, l'autre en équilibre précaire sur le sol du balcon, imaginez mon effroi… J'avais quatorze ans.

Je me souviens avoir crié à en perdre la voix, les larmes coulant à flots, tout en agrippant son bras pour la faire renoncer. Il est difficile de dire ce qui l'a arrêtée, ou si elle avait l'intention de passer à l'acte, mais au fond de moi, je ne peux pas m'empêcher de penser qu'elle a, une fois de plus, choisi son moment.

Le moment où, réglée comme une montre, je rentrerai du collège. Et puis, il y a eu des velléités par arme blanche, toujours à la caserne, toujours quatorze ans. Immobile, elle se tenait là, debout dans le couloir, son visage marqué par les larmes. Elle tenait un couteau de ses deux mains, la lame plaquée contre son ventre, oscillant entre le désir de mettre fin à ses jours et un désespérant appel à l'aide. Une fois de plus seule avec ma mère, c'était à moi de la désarmer, de lui ôter doucement le couteau des mains. Puis vinrent les tentatives de s'élancer sous une voiture, jamais une au hasard, mais systématiquement celle de mon père... Mais sa méthode de choix pour tenter l'irréparable se manifestait par une ingestion massive d'anxiolytiques, toujours fidèle à cette unique benzodiazépine !

Invariablement présente, observatrice impuissante, j'étais le témoin de sa souffrance ! Dans le cas contraire, j'étais en voie d'arrivée ou bien un appel de sa part ou de celle de mon frère cadet, Marius, m'atteindrait bientôt.

Je pense que ma mère m'a assimilée à son garde-fou voire comme spectatrice de sa détresse. Parfois, elle me suppliait de ne pas aller en cours pour la surveiller dans l'éventualité qu'elle fasse une " bêtise ". Étrangement lorsque j'étais en cours, je soufflais, je respirais. Alors que la majorité des adolescents aimeraient fuir le collège, il se présentait pour moi telle une bouffée d'oxygène. Malgré mes efforts pour contrer mon anxiété, l'angoisse me rongeait chaque jour en partant pour le collège, l'incertitude de retrouver ma mère en vie me poussait à la contacter durant les intercours pour avoir de ses nouvelles. Par chance, il y avait une cabine téléphonique dans l'enceinte du collège, ce qui me permettait de rester discrète. La plupart du temps, elle pleurait ou s'exprimait avec une voix atone. Je la rassurais, usais d'une énergie sans limite, dont je ne sais toujours pas à ce jour d'où je puisais la source. Et puis, ni vu ni connu, je m'efforçais de me glisser à nouveau dans la peau d'une adolescente. J'ai dû m'adapter et faire face.

***

Tellement fatiguée et fatigable, ma mère ne parvenait plus à trouver la volonté de tenir sa maison. Le linge s'accumulait tout comme la poussière sur le mobilier et le sol. Les repas étaient devenus une corvée pour elle, justifiant son manque d'enthousiasme par des années de cuisine incessante. Alors, déjà initiée, je suis passée à l'étape suivante en devenant une vraie fée du logis ! Ça forge et favorise l'autonomie ! Lorsque j'ai quitté le foyer parental, je savais faire beaucoup, beaucoup de choses. Depuis le déménagement, mon père ne rentrait plus tous les soirs. Auparavant, nous logions sur son lieu de travail à la caserne des pompiers, donc même de garde, il dormait à l'appartement puisque celui-ci était équipé d'un système d'interphone pour signaler les alertes de départ. À la campagne, c'était une autre histoire, il partait pour des gardes de 48 à 72 h. Il n'était pas souvent à la maison. Avec le temps, je me suis dis que cette situation lui convenait probablement, lui offrant ainsi des moments de tranquillité, de paix. Je l'ai souvent envié. Il partait tôt, aux alentours de 6 h et les soirs où il rentrait à la maison, Jacques se couchait vers 21 h. Cet horaire restreint rendait nos moments partagés rares, d'autant plus qu'ils avaient avancé l'heure du repas à 17 h 30, une habitude de lève-tôt, bientôt, ils ne m'ont plus attendu pour dîner et seule mon assiette attendait vide, désespérément, mon arrivée. Il n'y avait plus que moi pour s'occuper de moi, je me sentais seule, terriblement seule. Je survivais avec des objectifs précis me permettant de tenir jusqu'au jour où je pourrais à mon tour, quitter le domicile parental. Mon passé est parsemé de nombreux vides, des moments effacés de ma mémoire, mon histoire est tissée d'absences, de périodes oubliées qui m'ont aidée à continuer d'avancer. Rongée par l'ennui, la vie semblait s'écouler au ralenti.

6
L'abandon

La scène traumatique qui m'a laissée le plus de trace ? Le jour où mon père m'a abandonnée...

***

Dans ma chambre à l'étage, je terminais de m'apprêter pour aller au collège. Il était tôt, Marius dormait encore. Soudain, des éclats de voix dans le salon m'ont interpellée. Il y avait quelque chose de différent dans la sonorité des mots, plus de violence. Interpellée, je me suis allongée sur le parquet pour y coller mon oreille afin de percevoir de manière plus distincte le contenu de la dispute entre mes parents. Brusquement, un son sourd a brisé le silence, suivi d'un autre, et c'est alors que les cris de ma mère ont déchiré l'air, implorants et désespérés.
– Arrête Jacky, arrête !!
Des pleurs... Je peux encore entendre raisonner ces sons dans ma tête, dans mon corps. Mon cœur s'est serré dans ma poitrine, il s'est accéléré aussi. Je ne voulais pas croire au signal d'alarme que m'envoyait mon cerveau, mais au fond, je savais. Le moment, ce moment était arrivé. Je savais qu'il viendrait. Il faillait

que j'aille voir ! Que j'aille vérifier que tout cela ne provenait pas de mon imagination. Alors, je me suis relevée, je suis passée discrètement devant la chambre de Marius m'assurant qu'il n'avait rien perçu avant de dévaler l'échelle meunière. En bas des escaliers, la porte du hall donnant sur le séjour était ouverte, me permettant une visibilité parfaite sur la scène de l'horreur. Mon père tenait fermement ma mère par le cou, contre le mur, de sorte que ses pieds ne touchaient le sol que par leurs pointes. Il avait le point droit serré encore en garde. Visiblement celui-ci avait déjà cogné. Elle portait les traces de coups. L'œil déjà tuméfié, elle était méconnaissable. Je me trouvais là, debout, sidérée. Mon corps tremblant s'est mis en pilote automatique peu après que mon père l'ait lâché, la laissant ainsi s'écrouler au sol, à genou. Ma mère était là, cassée, en morceaux, toute minuscule, recroquevillée sur le sol. Mon père, lui, était là, debout, immobile, tel un colosse en marbre, la fureur au corps. À quoi pensait-il ? Je suis restée là dans son dos, à quelques mètres, sans voix, spectatrice de l'horreur, impuissante. Puis, ravagée par la détresse, elle s'est mise à ramper pour le retenir, lui suppliant de ne pas partir. Ses efforts en vain, les pleurs n'ayant aucun effet, elle s'est mise à me hurler :
– Tu as vu ce que ton père m'a fait!
Elle n'était plus que désolation, et je ne ressentais que colère. Cette scène s'est gravée dans mon âme,

indélébile, représentant tout ce à quoi je ne voudrais jamais ressembler, je m'y refuse! Cette scène a laissé une empreinte éternelle dans mes souvenirs, tel un poison lent qui a marqué le début d'années de souffrance, IL a brisé l'adolescente en moi. Vêtu de son uniforme, il est parti. Sans se retourner, sans un mot, il m'a abandonnée, me laissant seule avec les débris de notre famille. Il venait de semer le chaos et il m'a laissée ramasser derrière lui sans un regard pour moi, sans un regard pour sa fille.

***

Lorsqu'il est rentré à la maison, 48 h plus tard, nous n'avons parlé de rien. Tout n'était que non-dit, que silence. Pourtant, tous les trois installés autour de la table, nous savions. Il était difficile d'en être autrement, Nicole arborait les couleurs de l'arc-en-ciel sur son visage. J'ai tenté de préserver Marius comme j'ai pu, j'ai sûrement dû lui mentir, et lui a sûrement accepté de me croire sur parole, il n'avait que sept ans. Malgré cela, mon cœur de fille ne pouvait se détacher de mon père alors que je nourrissais une rancœur croissante à l'égard de ma mère. Je lui en voulais terriblement. Tout était de sa faute! Bon sang, ils ne pouvaient pas faire comme d'autres parents et divorcer ! À mes yeux, Nicole était devenue tellement insupportable, exécrable, comment Jacques n'aurait-il pas pu craquer ? Assurément, elle l'avait poussé à bout; une autre explication me semblait inconcevable. C'est à peu près à ce moment-là que mon cœur s'est empli d'amertume, que mes sentiments se sont mués en ressentiment profond, pour finir par détester ma propre mère.

***

L'écho amer de ces longues années résonne encore, saturé de colère et de mépris, la proximité de cette femme me devenait insupportable, l'idée même qu'elle me touche m'était insoutenable, et je reste hantée par l'odeur de ses larmes salées mêlée de détresse, arôme poignant de ses pleurs chargés de désolation. Sa présence, son attitude, ses gestes, son regard implorant, son petit ton suppliant, quémandant sans cesse de l'aide, absolument tout ce qu'elle est, provoque en moi des éprouvés corporels détestables ! Mon corps entier se dresse, se tend, mes mains se serrent, ma tête se balance de droite à gauche comme pour effacer son image qui prend place dans mon cerveau. Dans ces moments-là, je sais bien que je ne suis plus rationnelle, que tout mon être est en alerte. Combien de fois, ai-je dû me tenir là, tout près d'elle pour mimer la compassion qui disparaissait tous les jours un peu plus. Mon esprit désertait mon corps, lui-même en pilote automatique semblable à l'instinct de survie. Je me sens honteuse de penser ainsi, mais qu'est-ce qui peut pousser une mère à un tel abandon, si ce n'est une quelconque pathologie? L'attention qu'elle devait à mon frère et à moi était absente, et comble de l'ironie, je me retrouvais dans le rôle de celle qui m'avait donné naissance. Son emprise émotionnelle colorait notre routine, me réduisant malgré moi à être son pansement vivant. Un brin ironique pour celle qui des années plus tard allait endosser la blouse d'infirmière…

***

Je me suis promis que je ne lui ressemblerais
JAMAIS !

De temps en temps, il y avait des périodes d'accalmie. Dans ces moments-là, mes parents semblaient soudés, ce qui est d'ailleurs assez incroyable, comme si rien n'avait existé, et leur imagination devenait excessivement productive. Une lubie, ça vous parle ? Avoir des envies, des projets, c'est une chose, mais avec eux, c'était carrément les montagnes russes ! Décisions rapides, intenses aux sensations variées et répétitives , évoluant en hauteur comme sur un fil avec parfois quelques dénivelés et bien évidemment le fameux looping qui fatalement amorce la descente de l'ascenseur émotionnel au plus bas. Cet arrêt brutal d'espoir et d'enthousiasme, laisse toujours un goût amer, à l'image d'une marmelade bien fraîche et appétissante, qui, après délectation procure une sensation d'amertume n'empêchant toutefois pas d'y revenir...

Ainsi, du jour au lendemain, mon père qui se définissait jusqu'alors athée, a décidé de se tourner vers le catholicisme. Que cherchait-il ? Peut-être la rédemption, je ne le saurais jamais. Toujours est-il que chaque dimanche, nous sommes allés à la messe, du moins jusqu'à ce que je quitte la maison. Cela ne se limitait pas à la célébration hebdomadaire du dimanche, bien évidemment que non... Alors, comme toute idée ou envie capricieuse voire déraisonnable qui définit une lubie, mes parents ont créé une sorte d'autel dans le salon, devant lequel nous devions prier à genoux tous les soirs. Attention, ne vous méprenez pas ! Loin de moi l'idée de remettre en question les convictions spirituelles, il n'est pas question de cette dimension ici. J'ai moi-même des convictions sur le Divin, sur le monde Subtil, et, la liberté de ses choix, pensées et croyance ne doit pas être imposée. La Foi est intime, chacun la ressent à sa manière. Moi, j'aime à croire que le Divin est dans la beauté de ce qui nous entoure, dans la lueur rosée d'un coucher de soleil, la symphonie discrète du froissement des feuilles lorsque le vent souffle, dans un rouge-gorge qui vient vous saluer, une coccinelle qui se pose sur votre bras, dans tout ce qui nous rappelle la fragilité et la beauté éphémère de la nature... Mais là, il s'agissait de passer de rien à trop tout...

Sans exception, la présence de Zoé à la maison impliquait qu'elle participe aux prières du soir, pas question de manquer ce rendez-vous quotidien, à genoux dans le salon. Étrange non ? Et puis, ça s'est arrêté. Comme tout le reste, d'ailleurs... On se lève un matin et finalement les convictions, les projets de la veille n'ont plus lieu d'être. Il faut s'adapter et passer à la scène suivante. C'est très perturbant dans la construction identitaire, et même si vous vous débattez de toutes vos forces, certaines idées, valeurs, principes ou convictions insufflées par vos parents restent fixés dans votre cerveau, ce qui prédit une bonne psychothérapie à l'âge adulte, car, pour se reconstruire, avant toute chose, il faudra se déconstruire même si nous ne pouvons qu'apaiser nos schémas, parce qu'ils sont indélébiles.

***

Ma mère savait à peu près toujours tout de ce que je prévoyais de faire ou avait fait, (*note pour plus tard*) et avec cette dimension spirituelle à la maison, j'avais l'impression constamment d'être surveillée, jugée dans mes actions et dans mes pensées les plus intimes! Ce n'est pas sans compter sur les répercutions au quotidien, la spontanéité du moment était devenue difficile, car mon cerveau prenait le relais malgré moi sur les conséquences de mes actes et pensées. J'imagine que c'est à cette période que d'une manière définitive, l'anticipation s'est ancrée dans ma vie, et que j'ai fait la connaissance de mademoiselle Anxiété sans en avoir conscience.

Avoir une vie sociale adolescente " normale " n'était pas simple pour moi, d'autant plus que je me trouve être une fille. La maison était un territoire que je ne partageais pas volontiers avec mes amis, craignant leur rencontre avec mes parents, une appréhension qui s'intensifiait quand il s'agissait de garçons. Mon affinité naturelle avec les garçons, que je trouvais d'un tempérament plus simple, contrastait avec l'attitude des filles aux préoccupations que je tenais pour superficielles et auxquelles je ne pouvais m'identifier, alors, Zoé et moi partagions les intercours avec un petit groupe de copains. Ces derniers étant motorisés, ils passaient de temps à autre chez moi pour venir me voir. Autant dire, qu'ils étaient bien reçus! Ils n'ont jamais vu la face nord de notre jardin, condamnés à échanger avec moi à travers le portail. Parfois, Jacques nous missionnait durant nos conversations pour écosser les petits pois, ou équeuter les haricots verts... Je n'ose même pas imaginer ce qu'on put penser les garçons, bien que le mariage avec l'un d'eux m'ait révélé certains de leurs anciens secrets…

En me remémorant ces instants, à cette période de ma vie, je réalise combien mes convictions profondes ont été ébranlées. Durant près de trente ans, j'ai fonctionné en faux-self, jouant un rôle qui n'était pas le mien.

Ce n'est qu'à l'approche de mes quarante printemps, confrontée à l'abîme de mes désillusions, que j'ai enfin ouvert les yeux sur l'emprise et la manipulation qui régissaient mon existence, il m'aura fallu me tenir au bord du précipice pour admettre la réalité.

7
Jacques

Dans ce récit d'abandon, ma voix est celle de ma propre expérience, et non celle de ma sœur et mes frères. Je ne veux et ne peux pas parler en leur nom. Ici prend vie la réalité de mon vécu, de mes ressentis, en somme de mon existence. Je sais qu'ils ont leurs propres points de souffrance, mais j'ai choisi d'aborder l'histoire que je connais, celle de mon long et douloureux parcours qui m'a conduit à écrire ces lignes.

***

Issu d'un foyer modeste, Jacques, mon père, a grandi aux côtés de ses trois sœurs. À la maison, c'est sa mère qui régentait. Elle était reconnue pour son autorité implacable, ce qui, aux dires de ma mère, avait eu des répercussions néfastes sur leur vie conjugale. Sans volonté particulière de raconter l'anamnèse de mon père, *(que je ne connais d'ailleurs pas…)* je ne peux pas lui enlever son démarrage difficile dans la vie.
Jacques est un bel homme, au visage triste et dur, mais quand il sourit, il s'illumine. Au fil des années, son sourire s'est effacé ne laissant que tristesse et colère.

Petite fille, mon père était mon héros. J'étais tellement fière lorsqu'il arborait son uniforme de pompier. LE parfait complexe Œdipe... À l'époque, j'étais pleine de fierté de préciser son grade de lieutenant au sein des sapeurs-pompiers, cultivant naïvement l'idée qu'un travail pourrait définir qui nous sommes. Comme si, sous prétexte de travailler dans le domaine de la santé, ou dans la protection civile conférait une humanité plus grande, et cela, même lorsque l'uniforme est enlevé. Apparemment, les valeurs familiales, le soutien aux plus faibles, lui ont échappé le jour où il a choisi de me laisser seule, de m'abandonner.

Jacques, mon père puisqu'il l'est, était un père aimable comme la plupart des pères dans les yeux des petites filles. Manuel, vaillant, accessible à l'humour, je ne peux pas le qualifier de " spontanément démonstratif " mais il me rendait bien mes marques d'affection à l'inverse de ma mère. Je me souviens que j'étais souvent grimpée sur ses épaules ou sur ses genoux. À cette époque, mon père apparaissait, à mes yeux, comme un adulte sensé et juste, mais étonnamment, il n'en faisait pas usage lorsqu'il devait prendre certaines décisions, il paraissait répondre aveuglément aux instructions de ma mère, et si celle-ci estimait que je devais être punie, ou corrigée, il s'exécutait. " Attends que ton père rentre ! " répétait régulièrement Nicole, ça sonnait comme un avertissement, et cela fonctionnait, car malgré mon admiration, je craignais mon père et son potentiel correctionnel. Ainsi, planait sans cesse dans l'atmosphère la correction à venir si je n'étais pas dans le cadre. J'avais donc développé un conditionnement de protection réflexe, qui générait dans la bouche de mon père des mots tranchants comme " baisse tes mains " avant que la punition ne tombe.

C'est mon vécu, pour eux, il s'agit sans doute d'éducation. Cette éducation rigide où la femme élève les enfants, le père, lui, ramène l'argent et sanctionne. Une sacrée équipe… Et pour mon plus grand malheur, cela ne s'est pas arrangé. Cependant, durant cette partie-là de ma vie, j'ai le sentiment d'avoir reçu de l'amour de mon père, je pensais que nous étions proches, j'attendais de lui une protection paternelle.

***

Mon père est un homme en colère.

Le temps de la rébellion étant venu, j'ai commencé à exprimer ma colère auprès de ma mère. De quelle manière ? La plus simple, en lui répondant. La tension augmentait à la maison en même temps que j'approchais la majorité. Mes maux d'estomac ne cessaient de s'amplifier. Je bouillais de l'intérieur littéralement. L'estomac en feu, sans doute par un flot de douleurs mal digérées, je n'y arrivais plus, je multipliais les crises de gastrites. Je ne parvenais plus à supporter ce fardeau qu'était devenue Nicole. Du jour au lendemain, elle a décrété qu'il était temps pour elle, de reprendre les rênes de la maison. À juste titre, cela aurait dû être son rôle, mais après toutes ces années passées à se laisser aller et s'épancher sur son malheur, elle n'était plus légitime en droit, elle était devenue dysfonctionnelle à mes yeux. Il m'était donc difficile de la considérer compétente dans cette fonction. Alors, à l'âge de dix-sept ans et quelques mois, lorsque j'essuyais des refus de permission, je lui criais mon sentiment d'injustice, mais Nicole n'écoutait pas. Ses maîtres mots étaient " attends que je le dise à ton père ! " Celui-là même qui n'était jamais présent. Elle lui a assigné le mauvais rôle. Alors, il était régulier pour moi, de recevoir quelques gifles, la plupart du temps, attisées par la matrone...

Un jour, force est de constater que régulièrement, j'avais la joue rouge et que de nouveau " j'en avais en pris une " j'ai alors tenté l'insolence. J'ai riposté en balançant à mon père : " En tant que bonne chrétienne, je te tends la deuxième ! ".

Jacques a souri, nerveusement, c'est vrai, mais il a souri juste avant que l'ensemble de la paume de sa main ne vienne caresser mon autre joue. Visiblement, ma tentative désespérée n'a pas fonctionné, elle n'a pas été décodée... Parmi les nombreuses corrections reçues, le coup le plus vexant a été le revers de mon père après que j'ai répondu à ma mère. Le coin du meuble était près, bien trop près ! Il est donc venu embrasser mon arcade sourcilière. Alors que je pleurais silencieusement, je n'ai pas eu le droit de quitter la table. Table à laquelle étaient conviés Louis et Mathilde ainsi que leur conjoint respectif. Personne n'a rien dit, pourtant les regards en disaient long, je me suis sentie très seule. Le genre de solitude que l'on ressent lorsqu'on se sent abandonnée de tous, laissée pour compte. Je ne pouvais décidément compter sur personne pour me protéger, pour m'épauler. Mon silence sur le quotidien avait dû tellement germer, que peut-être dans l'esprit des uns et des autres, j'étais devenue " la vilaine Amanda " comme ma mère se plaisait à le répéter. Une adolescente en crise, en rébellion, après tout, mes aînés ne venaient que très peu nous rendre visite, alors dans ces fenêtres d'espace temps, ne voyaient-ils pas, certes des parents stricts, mais aussi une jeune fille rebelle tenir tête à sa mère ?

Dans un autre genre, il y a eu le 24 décembre. Tout était prêt. La table était mise, le dîner fin prêt. Les guirlandes scintillaient dans le petit sapin, tout comme le fard à paupière appliqué pour l'occasion. Il ne manquait plus que Louis, Justine, Mathilde et Samuel, alors en chemin. Tout semblait sous les meilleurs auspices, mais ce n'était qu'une trêve avant qu'une nouvelle tempête explose entre ma mère et moi. Elle me confrontait toujours en public et savait exactement que dire ou que faire pour me faire réagir, et ça fonctionnait toujours. Voulait-elle me rendre moins crédible auprès de ma fratrie, imaginant qu'ainsi mes plaintes sur le quotidien, si tentées existantes, n'auraient pas été légitimes ? Ou exagérées ? Toujours est-il qu'elle maîtrisait à la perfection l'attitude victimaire, et moi celle de l'insolente... Elle s'assurait ainsi, de mon silence. Si seulement, ma mère avait pu se douter que je gardais toute ma douleur en moi, et qu'aucun de mes maux se s'étaient frayés un chemin jusqu'à la conscience de mes aînés, qu'aucun d'eux ne pouvez imaginer la triste réalité de mon quotidien... Est-ce que cela aurait pu changer les choses ?

Quel était le motif de la disputecette fois-ci ? Je n'en ai pas gardé de souvenir, mais le résultat reste douloureux. J'ai été conduite à passer le réveillon dans ma chambre, seule, sans même pouvoir gouter au festin réservé aux jours de fêtes. Triste, amère, le cœur empli de rancœur avec un profond sentiment d'injustice, j'ai tourné mille fois cette question dans ma tête : qu'avais-je fait ou dit pour mériter d'être tenue à distance de tous ? Je l'ai assurément mérité, c'est encore ma faute ! ai-je pensé. J'ai passé la soirée sans manger, seule dans ma chambre avec pour compagnie mon chagrin, les voix et quelques éclats de rires forcés, perçus à travers le plancher. Du douloureux ascenseur émotionnel qui m'a habité cette nuit-là, je n'ai seulement envie de retenir l'attention de ma sœur. Peu après minuit, elle est montée me rejoindre. Le visage compatissant, elle m'a enlacé avant de m'offrir son cadeau de Noël. Une eau de toilette dont le flacon blanc nacré en forme de demie lune était orné d'une pivoine rose en guise de bouchon.

***

Les vacances de Noël terminées, il était temps de retourner en cours et de faire un retour sur l'une des périodes de congés annuelles les plus attendues avec son lot de cadeaux et de bons moments partagés. Les commentaires des uns et des autres allaient bon train, et j'esquivais autant que possible les échanges sur le sujet. Quant aux professeurs qui nous souhaitaient une bonne et heureuse nouvelle année espérant que tous, nous ayons passé de bonnes vacances, je leur répondais avec enthousiasme. Il me fallait garder la face, avec un joli sourire. À l'intérieur, je pleurais. Si seulement je l'avais pu, j'aurais crié mon sentiment d'injustice, hurlé ma tristesse et ma solitude.

Mon année de troisième a été éprouvante, je dirais même qu'elle fut un véritable calvaire entre les cours que j'ai quelque peu négligés, mes désirs d'adolescente et ma mère, j'ai dû jongler. J'ai le sentiment d'avoir été vieille avant l'âge. Peu d'insouciance, peu de liberté, beaucoup d'exigence envers moi-même. Régulièrement happée par l'état dépressif de Nicole, j'alternais l'état de pansement, d'oreille attentive et de petite ménagère, ce qui m'a laissé peu de place pour l'improvisation, c'était devenu ma normalité. J'ai tenté de me construire comme j'ai pu. Je me reconnais parfois une attitude d'adolescente un peu rebelle, mais certainement pas assez, bien trop consciente de la gravité de la situation et de ce qui se jouait. Durant cette période, j'ai développé nombreux mécanismes de défenses qui m'ont permis d'avancer jusqu'à ce jour. Ceux-ci m'ont rassurée et permise de continuer à vivre, à faire face. Je me suis également appliquée à me forger un joli masque en société. Toujours souriante, à l'écoute, volontaire et dynamique. Finalement, il était sans doute facile de penser que j'étais pour sûr, une jeune fille choyée et bien éduquée.

***

Ôter la vie ! Comment peut-on faire cela ? Charger son fusil de chasse et tirer à bout portant, à trois reprises, sur ses fidèles compagnons. Il y avait probablement d'autres possibilités, nous avons toujours la possibilité de choisir! Des petites familles heureuses et prêtes à accueillir un animal de compagnie ; des associations pour la protection animale; un refuge... Malheureusement aucune de ces options n'a été retenue. Pourquoi ? Trop encombrants pour aller vivre en appartement ! Ça s'est passé, derrière le garage... Il les a tués et enterrés dans le jardin. Comment a-t-il pu vivre avec ça ? Pour Nicole, il n'avait pas le choix... Radical, comme la plupart du temps, les actes venaient avant la réflexion, j'imagine que le caractère transgénérationnel entre en considération. Comment fonctionner autrement que le modèle que l'on a connu? Alors installée sur mon canapé, je me souviens. Pourquoi maintenant ? Un long câlin plein de tendresse avec un petit être de lumière, mon bébé cœur d'épagneul breton a réveillé à ma conscience cet acte de barbarie. C'est comme si je réalisais à l'instant l'atrocité de ce geste. Nicole avait laissé entendre que Jacques n'avait pas eu le choix. Encore une enfant, pleine d'admiration pour son père, comment aurais-je pu comprendre ce qu'il venait de se passer ? Comment imaginer qu'il puisse exister une part d'ombre en chacun de nous ? Et surtout chez ses propres parents. À huit ans, je n'ai pas posé davantage de question, étonnée de ne plus voir nos chiens. La vie a continué en ville, sans eux.

Des années plus tard, de retour du lycée, j'ai découvert que mon chinchilla ne réagissait pas à ma voix. Il ne bougeait pas dans sa grande cage posée dans un angle de la cuisine. Mes parents l'avaient constaté plus tôt dans la journée et avaient fait le choix de ne pas y toucher afin que je prenne mes responsabilités. Ils m'ont dit qu'il était certainement mort par manque d'affection et, que je devrais assumer jusqu'au bout puisque j'avais décidé d'avoir un animal. J'ai donc dû le placer dans une boite à chaussures avant de l'enterrer au fond du jardin, non loin de nos trois chiens. J'avais 16 ans. Cet épisode a influencé mon rapport aux animaux, bien qu'ayant de l'affection à leur égard, j'avais intégré que je n'étais pas en capacité de m'occuper correctement d'eux. Alors, durant de longues années, je me suis privée de l'amour gratuit et sincère que donne un animal de compagnie. Il aura fallu que je sombre dans une profonde dépression pour le réaliser. L'Univers s'est allié à mon mari ce 11 novembre 2020, et Rudy, mon petit être de lumière est entré dans ma vie. J'ai ressenti son affection instantanément, il m'a aidée à me relever et à avancer.

***

Jacques contient beaucoup de tension, tel un orage prêt à tonner, parfois, on peut lire une colère sans nom sur son visage. Peu bavard ou maladroit dans certains de ses propos, il est également souvent absent, son esprit semble ailleurs. Il n'est pas difficile d'imaginer ou de croire qu'il pourrait mettre en application ses sombres pensées. Je reconnais avoir déjà envisagé cette hypothèse, celle où il pourrait se donner la mort par arme à feu, je sais qu'il y a déjà songé. Il aurait par ailleurs amené Nicole, j'en suis convaincu, à la vie à la mort...

La mère de Jacques était de celles qui ont de la poigne et elle paraissait le tenir très fermement. Lorsque nous passions des moments avec elle, ses mots étaient toujours adressés aux autres. Les autres, ce sont tous ses petits enfants, sauf nous quatre. À ses yeux, la part de notre mère qui coule dans nos veines était de trop, alors quoi que nous fassions, quoi que nous disions, cela n'aurait jamais eu assez de sens à ses yeux.

Mon père ne s'est jamais opposé à elle, il n'a jamais manifesté quelconque désaccord dans ces moments-là. Cette relation dysfonctionnelle a nourri des disputes entre mes parents durant des années. Ma grand-mère avait le chic pour appuyer là où ça fait mal, disons qu'elle était possessive et pas pour la paix des ménages. Il est clair que cela n'a pas aidé à une bonne entente entre Louis et Jacques. Très dur avec Louis, la méthode éducative n'était pas flexible. Même très malade durant les premières années de sa vie, Louis a subi l'inexpérience de la jeunesse parentale. Père à tout juste vingt ans dans les années soixante-dix, Jacques a peut-être eu recours à l'éducation qu'il a lui-même reçue de son père. À dire vrai, je n'en sais rien. Je ne connais pas son histoire avec mon grand-père paternel, le silence... En revanche, ce que je connais, c'est la souffrance de Louis et une communication impossible entre le père et le fils depuis toujours. Entre eux, la rencontre n'est que confrontation, ils ne peuvent pas se comprendre, encore aujourd'hui.

Lorsque nous sommes revenus dans la maison de mon enfance en 1995, mon père semble avoir été rattrapé par sa famille. Notre maison étant mitoyenne avec celle de l'une de ses sœurs aînées, la pression matriarcale était à nouveau présente. Leur couple déjà fragilisé, les nouveaux sujets de disputes étaient multiples entre mes parents et sans doute majorés par l'emprise maternelle. Jacques est possiblement un homme meurtri, qui, n'accèdera sans conteste jamais à la paix intérieure. Je ne suis pas réellement sûre qu'il en ait conscience, la psychologie n'est valable que pour les autres, lui, elle, n'en n'ont pas besoin. Ils ont l'expérience, la connaissance, mais surtout beaucoup de certitudes !

Je ne crois pas l'avoir vu un jour heureux. Triste, l'air sévère, ce qu'il paraissait désirer au fond, c'est avoir la paix. Qu'on le laisse tranquille. Alors pour y parvenir, il appliquait machinalement ce que ma mère insufflait, maligne comme elle l'est. Je n'ai toujours pas compris pourquoi il a systématiquement choisi le côté de ma mère. C'est pourtant une liaison extra-conjugale qui nous a menés dans cet enfer. Alors pourquoi ? Qui manipule l'autre ? Avec le temps, j'ai compris qu'ils auraient eu beaucoup à perdre l'un et l'autre s'ils avaient choisi de se séparer. Je ne sais même pas s'il y a de l'amour entre eux. À un moment, Jacques était sur le point de se séparer de Nicole, mais lorsqu'il a compris que d'un point de vue pécunier, la situation s'avèrerait difficile, quitter une femme au foyer avec quatre enfants... Il a renoncé, mais de manière ironique, à quel prix... Celui de la souffrance certainement car les années suivantes ont été douloureuses.

8
Marius

Écrire, retracer son anamnèse est un exercice difficile. Il n'est pas simple de coucher des verbes sur le papier. Pour cela un retour dans le passé est nécessaire. Nombreux ont été les moments de vide, de désolation et de culpabilité. Tout n'était pas si grave après tout, je devais en faire sûrement un peu trop. J'ai pensé qu'il serait bon pour moi de mettre de l'eau dans mon vin. À quoi bon remuer le passé. Finalement, peut-être qu'ils ont raison! Un jour, je regretterai de ne pas avoir conservé LE lien, ce fameux lien qui vous rattache à une famille, celui-là même sur lequel vos valeurs sont fondées. Choisir de briser ce lien est la chose la plus difficile que j'ai eu à faire. J'ai tenu bon gré mal gré durant quarante années. Malgré quatre ans de thérapie, d'ailleurs toujours en cours, et une sérieuse dépression, j'en souffre encore. Arriverai-je un jour à faire mon deuil ? Non pas celui de la famille parfaite, elle n'existe pas, mais celui de ne pas avoir de parents a minima fonctionnels, sur lesquels je peux me reposer. J'aborde la parentalité, mais tout n'est rose non plus du côté de la fratrie. Mon attachement à leur égard est fort, mais les liens se sont distendus avec le temps.

***

Fût un temps, l'indifférence de Marius a été douloureuse. Aujourd'hui, je vis avec. Je le pense heureux avec sa compagne et leurs trois enfants. Je ne connais pas la petite dernière, mais cela me rassure de penser que je ne lui manque pas puisque cette petite mignonne ne me connaît pas. J'ai toujours la petite paire de chausson rapportée d'un voyage tout spécialement pour elle. Malheureusement, je n'ai jamais eu l'occasion de la lui offrir. J'ai pourtant essayé. La rencontre n'a pas été possible à la maternité, je reconnais ne pas avoir souhaité croiser Nicole et Jacques, la dispute à l'origine de mon tsunami interne était bien trop fraîche et j'ai voulu me préserver. C'est même plus fort que cela, envahie par des angoisses, pour la première fois, je me suis choisie. J'ai donc préféré leur rendre visite chez eux avec mes fils, ainsi, ils auraient pu faire connaissance avec leur dernière petite cousine. Marius a décliné ma demande, ni lui ni sa compagne n'étaient disponibles. Toutefois, pour lui, nous aurions pu nous voir le week-end suivant chez nos parents, étant donné que ces derniers vivent à seulement quatre ou cinq kilomètres de chez moi. Ce n'était bien sûr pas envisageable. La suite est simple et le temps a fait son œuvre. Il y a bientôt quatre ans que nous ne sommes pas vus. La dernière fois, c'était le 25 décembre 2019. Dans mon cœur de grande sœur, je me dis qu'il sait qu'il peut compter sur moi si besoin est. Le fera-t-il ? Le temps seul saura nous donner la réponse... et lorsque Marius ressentira le besoin de venir vers moi, ce sera l'heure de vraiment nous rencontrer, sans masque, sans faux-semblant.

***

Après une longue réflexion, j'imagine que Marius s'est éloigné de moi, car je lui rappelle des souvenirs qu'il ne veut sans doute pas raviver. Nous n'avons jamais abordé notre enfance en profondeur, nous parlions simplement de petits souvenirs qui donnent le sourire, comme la fois où je lui ai coupé la frange à l'aide d'un bol pour tracer une ligne parfaite digne des années 90 et que malencontreusement, je l'ai légèrement entaillé au niveau de la tempe, cette petite cicatrice lui va d'ailleurs à merveille. Ou encore lorsque j'étais son institutrice et lui mon élève ; la fois où il a pris un malin plaisir à triturer le diamant du tourne-disque vinyle pour finir par le casser ou lorsque je m'appliquais à le styliser pour qu'il m'accompagne à la patinoire sur ma demi-heure de sortie... C'était mon petit chou de huit années mon cadet.

Il est le petit dernier et le plus proche de Jacques et Nicole. Marius donne le sentiment de ne penser qu'à son bien-être, il évite tous conflits et discussions. Il joue de sa place dans la fratrie de manière habile.

Comment résister à son sourire? Les années passant, il n'était pas difficile de constater certains passes droits auxquels les aînés n'avaient pas eu accès. À vrai dire, cela me rassurait. Je culpabilisais, j'avais l'impression de l'avoir abandonné à un triste sort lorsque, à presque dix-neuf ans, je suis partie de la maison. Je n'ai pas disparu, j'ai fait ce que j'ai pu en essayant de répondre présente à chaque fois que cela a été nécessaire. Marius a su me solliciter lorsque Nicole a remis ça! Après quelque temps de répit, elle a réitéré ses actes suicidaires par ingestion volontaire médicamenteuse. Elle devait se sentir délaissée, moins d'attention lui était donnée puisque Marius tentait, à son tour de mener sa vie, et de manière plus libre que moi qui avait enfin quitté le domicile parental, mais il n'a très certainement pas continuer son chemin sans souffrance. Puis, le calme s'est installé quelque temps.

À la maison, la préférence pour les garçons n'était pas cachée, Nicole m'avait confié ouvertement avoir plus d'affinité avec les garçons, et plus de mal avec les filles. À l'époque, le patriarcat semblait en présence à la maison. Les filles, plus fragiles, plus manipulables auraient pu être ou se mettre en danger. Ainsi, pas de véhicule à deux roues motorisées, interdiction formelle de monter derrière quelqu'un, les sorties avec les garçons étaient risquées, car la menace de "passer à la casserole" probable, bref…

Un jour, Marius m'a confié que ses priorités sont sa compagne et ses enfants et m'a fait comprendre que je ne devais rien attendre de sa part. En revanche, si je lui envoyais un message, il me répondrait... Est-ce qu'on peut lui en vouloir ? Certainement pas ! Pourtant, lorsque ses mots ont quitté sa bouche, ils ont eu une résonance particulière dans mon cœur provoquant une déferlante de tristesse. Marius mon petit frère... si fragile petit... à l'image de sa gêne respiratoire due aux crises d'asthme répétées. Ce jour-là, j'ai compris. J'ai réalisé qu'il était temps pour moi de me protéger en cessant de vouloir maintenir des liens qui semblaient n'être qu'à sens unique. Ce lien dont il ne paraissait plus vouloir, un nouvel abandon, un nouveau pavé dans mon lac de carence affective. J'ai réalisé que si je ne voulais plus souffrir de notre relation, du manque de lien entre nous, ce lien qu'il ne paraissait pas désirer, il m'appartenait de lâcher prise, au risque de ne pas connaître l'adulte qu'il est devenu, c'est triste. Il a choisi de ne pas se souvenir et de continuer à avancer avec ses parents. Oublier ? J'aurais aimé le pouvoir. Continuer comme si de rien n'était ? Ce n'est pas faute d'avoir essayé en m'incombant toujours plus d'obligations, en vain.

9
Mathilde

Mathilde est de six années mon aînée. Haute comme trois pommes, le caractère bien trempé, elle est surprenante. Longtemps, Mathilde dit s'être attribuée le rôle maternel, bienveillante à l'égard de sa fratrie. Elle est pour moi ma sœur aînée, celle qui a découvert la première, bon gré mal gré, les aléas des différences éducatives entre les garçons et les filles. La question du rôle maternel à mon égard, quant à elle, reste subjective pour moi, puisque des années durant, les non-dits ont été de mise, ne permettant à aucun de mes aînés de percevoir ma souffrance et donc, d'œuvrer à quelque protection que ce soit.

Son parcours n'a pas été simple également, la relation entre notre mère et Mathilde était, comment dire, complexe, et ma sœur a trouvé refuge auprès de l'une de nos cousines germaines. Durant des années, elles ont été très proches malgré la réciprocité de Carole, notre cousine, avec notre mère. Cela a donné lieu à un sentiment de trahison avec quelques tensions entre les deux femmes. Je ne peux m'empêcher de me demander ce qui faisait que systématiquement, notre fratrie avait besoin de trouver un refuge pour compenser le quotidien de la maison ? Après quoi courrionsnous ? Trop jeunes à l'époque, il n'est pas difficile aujourd'hui, de comprendre que la carence affective s'était déjà installée en chacun de nous. Nous cherchions sans aucun doute de l'Amour, nous cherchions à être aimés.

***

Mathilde a essuyé son lot de douleur jusqu'au jour où elle est partie. À tout juste dix-huit ans, elle s'est installée avec l'homme qui restera son mari une vingtaine d'années et avec lequel, elle aura deux enfants. Ses visites étaient rares, et lorsque nous pouvions nous voir autour d'un déjeuner en famille, l'ambiance était particulière. Les regards en travers, la communication non verbale était difficilement dissimulable tant la tension était palpable et les expressions sur les visages, venaient critiquer habilement la commedia dell'arte qui s'était installée au fil des années.

Le chef de table trônait en son bout, le verre de vin bien rempli, petit rictus au visage. Certaines discussions devenaient rapidement débordantes et donc absolument à éviter. Les remarques piquantes et verbes désobligeants plombaient l'ambiance à laquelle venait s'ajouter une gestuelle explicite, lorsque Nicole se levait pour desservir. Je ne peux pas oublier son regard.

Nicole ne remettait pas Jacques à sa place, mais elle s'appliquait à chercher compassion dans les yeux de ses filles. Les visages bas, détournant sans un mot l'ambiance pesante, nous poursuivions comme si de rien n'était ce petit repas convivial... Une fois l'épreuve du repas terminée, Mathilde et moi allions nous afférer à la vaisselle. C'est le moment que choisissait Nicole pour venir chercher sollicitude auprès de nos oreilles attentives. Toujours dans la démonstration, les talents victimaires de notre "chère mère" frôlaient systématiquement la crise histrionique. Alors, une fois le café avalé, la jolie petite famille retournait en son sein, étonnement loin. Mathilde et Samuel avaient choisi de s'installer sur la rive gauche de bordeaux, à 45 minutes, ce qui en soi n'est pas si long, mais comme c'était une éternité pour les parents, Mathilde s'assurait ainsi, une certaine tranquillité.

***

Mathilde est dure, elle ne laisse pas paraître ses souffrances, elle encaisse. Les années passant, elle a rongé son frein. Dans le récit de sa vie, elle relate beaucoup de douleur, de tristesse, de solitude aussi. J'ai le sentiment que sa trajectoire lui a laissé une amertume qui lui confère une forme d'égocentrisme inconscient. Cet aspect de sa personnalité rend notre relation complexe, du moins, me concernant. Il ne me semble pas que ma sœur s'en rende compte. Avec le temps, il m'est devenu difficile de me confier à elle. J'ai le douloureux sentiment que Mathilde s'approprie mes maux venant ainsi les annuler systématiquement, puisque, détournés ou assimilés à son vécu. En somme, elle ramène tout à elle. Mathilde semble tout connaître, tout comprendre. La moindre de mes douleurs est connue parce que, l'aurait déjà vécue, le moindre questionnement existentiel aussi. Comment est-ce possible ? J'ai toujours été confrontée seule à la violence, à l'ignorance de notre père et à la détresse suicidaire de notre mère, à son emprise malveillante et à la violence de ses mots. Alors comment peut-elle me priver de cet espace de paroles ? Même dans l'expression de mon mal-être, je suis restée seule, tristement et douloureusement seule. Ainsi, lorsque j'ai sombré, je ne lui ai rien dit. J'ai attendu que cela passe, mais force est de constater que cette fois-ci la situation était différente, qu'il m'était devenu une nécessité d'accepter la réalité et que dans mon parcours psychothérapeutique, j'allais devoir retirer mon masque social pour avancer dans mon travail introspectif.

***

Il m'aura fallu un peu plus de cinq mois pour lui révéler que j'étais à l'arrêt, à l'arrêt total

psychologiquement et donc en arrêt maladie. Nous avions pourtant des échanges téléphoniques réguliers, mais je ne trouvais pas l'espace et le courage pour lui confier la triste réalité. Alors lorsque j'ai trouvé la force de lui dire, j'ai pris une sacrée douche froide… Elle n'a pas entendu. Mathilde ne m'a pas entendue. Ma sœur n'a pas écouté ma souffrance, elle se l'est appropriée. Une nouvelle fois, je me suis retrouvée en position d'oreille attentive. Alors, j'ai lâché :
- Mathilde! Tu ne comprends pas, je n'ai plus envie de vivre!
Qu'est-ce que cela m'a couté! Mon cœur était meurtri. Le souffle court, la gorge serrée, séchée, abîmée par les maux enfin énoncés. Mathilde a continué… Elle m'a confié à son tour, que le soir, seule assise sur son canapé, elle avait déjà eu ces pensées… Ces pensées qui font qu'on ne trouve plus de sens à la vie… Mais que ce sont "des choses qui arrivent" banalisant ainsi mes propos. Ceux-là mêmes qui se sont arrachés à mon être pour arriver jusqu'à son oreille, peut-être dans une volonté de rendre moins horrifiants mes mots ou de me faire sentir moins seule, mais moi à cet instant, j'ai réalisé que nous ne pouvions pas nous comprendre.
Je connais la détresse de Mathilde et sa vie de couple cabossée pour me l'avoir contée maintes fois. J'aurais aimé qu'elle soit là pour moi, qu'elle me voit. Alors, j'ai mis de la distance progressive dans nos échanges

téléphoniques, le dernier lien qui nous permettait de garder le contact, car, les derniers temps, il m'était réellement difficile de la voir, physiquement, je veux dire. Par téléphone, je pouvais gérer, mais en présence, il m'était complexe de soutenir son regard. Son visage, sa façon d'être, ses mimiques provoquaient en moi une sensation désagréable. Les lignes de son visage... Nicole...

***

Aujourd'hui, nous ne nous voyons plus. De temps en temps, nous échangeons un SMS furtif, j'ai conscience que je ne laisse pas de place au dialogue, de même que bien que rares, je n'ai plus répondu plus à ses appels. C'est terrible et pourtant banal, combien de fratries vivent ainsi ? Notre dernier échange date de plus d'une année. C'était un message écrit pour m'annoncer une triste nouvelle, le décès de la seconde compagne de mon grand-père paternel. J'ai ressenti de la peine pour elle, imaginant sa tristesse devant la perte d'un être cher. Je lui ai répondu le plus sincèrement possible, ce fut notre dernier échange. Depuis, j'ai eu quelques nouvelles par l'intermédiaire de Louis, mais rien que je ne sache déjà. Elle a trouvé un nouveau foyer non loin de chez Jacques et Nicole. C'est bien si elle se satisfait du temps passé en leur compagnie, à défaut de celui manqué des décennies en arrière.

10
Louis

Louis est mon frère aîné. Il est mon tout. Longtemps, il a été un repère à l'image paternelle, aujourd'hui, il est mon égal, mon frère, mon moi masculin. Nous sommes connectés, parfois, je pense à lui et tout à coup mon téléphone sonne. Je l'aime. Depuis toujours, il est mon exemple. Pleine d'admiration, je me suis nourrie en l'observant. On parle de ressources internes et externes dans lesquelles nous pouvons être amenés à puiser en cas d'épreuves à surmonter ou tout simplement pour avancer, et bien Louis est l'une de mes ressources. Je me suis appliquée à suivre quelques uns de ses judicieux conseils sur mille et unes petites choses. Des conseils qui ne m'ont jamais été présentés comme une vérité que l'on ne peut remettre en question. Il est toujours là pour moi d'une manière ou d'une autre, c'est comme cela que je ressens le lien qui nous unit. Il est mon frère, mon grand frère.

Durant une grande partie de notre vie, nous avons évolué l'un à côté de l'autre même si une distance géographique nous tenait éloigné, sans connaître la souffrance qui nous habitait respectivement. Nos douleurs sont différentes et pourtant, elles ont la même origine. La sienne est issue d'une relation de colère et de violence entre un père et son fils. La mienne vient des deux êtres qui m'ont donné la vie, malgré qu'une braise incandescente illumine majoritairement une détestation maternelle parfois incontrôlable, douloureuse et culpabilisante. Au fond de moi, la colère l'emporte sur la raison et je me déteste pour ça.

***

Aujourd'hui, Louis approche les cinquante ans. Il est un homme parfois encore un peu fragile tant ses affects ont été ébranlés durant sa tendre enfance. Ce qui l'amène à ne pas toujours se sentir légitime pour des choses et d'autres. Mais bon sang, comme il l'est! À mes yeux, il est un père d'exception pour mes nièces. Il possède de belles valeurs, même s'il lui arrive de douter. Toute l'énergie déployée pour être "parfait" lui coûte. Il ne s'économise jamais. Travailleur chevronné, il est taillé dans la pierre et s'est forgé seul. Un tantinet râleur, il est également indubitablement drôle que ce soit de manière intentionnelle ou non! On se ressemble sur bien des aspects.
Ce bel homme d'un mètre soixante-treize, à la crinière plus sel que poivre, a le cœur sur la main. D'une gentillesse qui pourrait le rendre vulnérable pour ceux qu'il aime tant. Souvent avalé par une culpabilité maladive, il part au combat quotidiennement et à mon image, se bat pour maintenir un équilibre entre son

Moi et son Surmoi. Encore un trait que nous partageons. Ses failles l'envahissent encore de temps à autre, tout autant que moi, il lutte pour se tenir le plus à distance d'une famille dysfonctionnelle et malveillante.

Durant mon adolescence, je me souviens que Louis pouvait être un jeune homme impulsif entrant dans de grandes colères qui venaient parfois heurter les portes de l'appartement. Bien que ce comportement ne suffise pas à le définir, de nombreux conflits ont régulièrement éclaté avec notre père, ils étaient fréquemment en désaccord et notre mère n'avait pas l'air de calmer la tempête entre eux, bien au contraire, puisqu'elle prenait à partie son fils dans les conflits conjugaux et comme Louis avait des valeurs et des principes sur ce que sont ou devraient être les relations entre un homme et une femme, il prenait la défense de Nicole.

Il est également un grand frère généreux. Il lui est arrivé de déposer quelques pièces sur mon bureau pour que je puisse profiter d'un peu d'insouciance à la foire aux plaisirs ou au détour d'un après-midi à la patinoire. Le soir, je toquais à la porte de sa chambre pour savoir si je pouvais entrer et m'asseoir sur un coin du lit pour papoter ou simplement être avec lui alors qu'il écoutait de la musique ou tentait de gonfler ses muscles par une série d'abdominaux. Déjà, il était vaillant et possédait une grande ténacité. Peu après avoir rencontré Justine, qui est devenue ma belle-sœur, il a décidé d'interrompre ses études après un BTS agricole pour entrer dans la vie active afin d'acquérir, selon moi, son autonomie complète. Il travaillait donc la nuit, pour mettre en rayon les bouteilles de vin avant de décider de tenter l'aventure dans une autre région de France. Repéré par un chasseur de tête, aujourd'hui, il dirige des chantiers de constructions d'entrepôts pour une grosse société allemande. Je suis tellement fière de lui ! Il a épousé une perle au doux prénom de Justine. Tel son prénom, elle incarne la justesse des mots. Elle représente bien plus que l'épouse de mon frère, elle est ma sœur. Elle me connaît si bien. J'ai beaucoup d'admiration et une grande confiance en elle, je peux me livrer sans crainte. Lorsque Justine m'a connue, je devais avoir aux alentours de dix ans, autant dire qu'elle fait partie de ma vie depuis toujours. Justine est faite de qualités, il m'est difficile de lui trouver des défauts, qu'elle doit sûrement avoir ! Elle représente l'arbre de vie à mes yeux. Bien ancrée dans le sol et l'esprit suffisamment ouvert à l'univers pour tout accueillir. À eux deux, ils m'ont offert deux merveilles Amélie l'aînée et Jane de trois ans et demi sa cadette. À l'image de leurs parents, ces deux poupées sont ingénieuses, sensibles, cultivées, généreuses et belles à croquer. Tous les quatre sont ma famille. Malgré les cinq cent seize kilomètres qui nous séparent, nous sommes très unis, présents les uns pour les autres dans les bons et mauvais moments que la vie nous réserve.

***

Je n'ai pas encore abordé ce passage, mais cette année, je suis tombée très bas, dans un gouffre. La souffrance de nombreuses années m'a avalée. Justine et Louis, ont été là, à répondre à mes appels lorsque j'étais envahie par de méchantes angoisses. Beaucoup d'écoute, de réassurance et de valorisation. Je ne leur ai pas tout de suite parlé de mon effondrement, il a d'abord fallu que je sorte du déni et que j'accepte la réalité, à savoir que mes défenses étaient en train de se fissurer tel un vase en porcelaine resté trop longtemps au fond d'une caisse à se faire malmener par des gentlemen déménageurs de la vie.

***

L'été 2020, j'ai ouvert les vannes avec Louis. Un soir de belles étoiles, confortablement installés dans les fauteuils du jardin, sirotant une bière réconfortante, nous avons parlé. Nous avons parlé respectivement de notre parcours, de notre souffrance, de notre pudeur à l'évoquer. Nous, qui nous connaissons si bien, nous nous sommes rendus compte que finalement, dans cette souffrance, ce n'était pas le cas, car beaucoup de silences. Subtilement, Justine et Léo, mon mari, se sont éclipsés pour laisser la place à ce timide échange. Alors, que mes yeux s'embuaient, je parlais. Je lui ai raconté ma rage, ma désolation, mon désespoir et mon chagrin. Je lui ai conté combien je me suis sentie seule toutes ces années malgré un entourage amical, un cercle professionnel, une vie très, voire trop remplie, car à vouloir être partout, je n'étais nulle part. Je cherchais à ne pas penser, à combler mon quotidien pour tenir à distance des pensées, des traumatismes que je n'étais pas prête à laisser surgir. J'ai évoqué quelques-unes de mes angoisses même si à ce moment-là, je n'étais pas encore capable de les qualifier ainsi. Pour la première fois, j'ai dit que je me sentais orpheline.

Louis, lui, a pu se libérer de quelques démons concernant sa relation avec Jacques, mais il ne partage pas les mêmes antécédents que moi.

Manifestement nos vécus sont bien différents, douloureux, mais différents. Il semble que Louis tient sa souffrance d'un père mal aimant à son égard et moi, un dommage collatéral d'une vie conjugale défaillante dont les deux protagonistes sont eux-mêmes brisés. Louis a exprimé une totale désolation face à mes propos, il paraissait découvrir mille et unes choses, j'en étais stupéfaite. Comment est-ce possible ? Nous sommes frère et sœur et en dépit de cela, il n'avait pas idée du côté factuel de la situation. Sans doute, avons-nous cherché à nous préserver en maintenant à distance ce qui dérange, une manière de fuir la réalité pour la rendre plus douce et nous permettre d'avancer. Nos expériences traumatisantes n'étaient pas exprimés tel un mutisme collectif reflétant une stratégie inconsciente de protection individuelle afin d'essayer de minimiser notre souffrance respective en évitant d'en parler, dans l'espoir que le silence suffise à faire disparaître LA douleur, parce que nous n'avions pas le choix, il nous fallait avancer pour survivre.

11
Amanda

Je m'appelle Amanda. Je suis la fille de Nicole née le jour du grand incendie dans Les Landes de 1949 et de Jacques soldat du feu. Amusant lorsque l'on sait que je suis née le jour des Cendres en ce mois de février 1979. Simple coïncidence ou signe annonciateur, tel un phœnix qui renaît de ses cendres…
Cette année-là, les Village People sont classés à la Première place des ventes avec Y.M.C.A, je comprends mieux pourquoi je m'amuse systématiquement sur cette chanson… Viennent au monde Norah Jones, Faustine Bollaert, Pete Doherty, Soprano, Larusso ou encore Amélie Mauresmo et bien d'autres célébrités…
Trois kilos soixante-dix pour quarante-neuf centimètres, un joli petit bébé d'après mes parents. Mon père m'a raconté à plusieurs reprises que l'obstétricien m'aurait déposée dans ses mains tout de suite après la délivrance. Il semblait réellement ému, mimant le geste en joignant ses deux mains de telle manière à pouvoir imaginer un bébé s'y loger en toute sécurité. Ma mère, elle, témoigne que c'est elle qui a insisté pour me concevoir et que mon père aurait fini par céder à son désir. C'est étrange… J'ai toujours eu le sentiment d'être plus désirée, aimée et proche de Jacques. Les

quelques connaissances que je possède sur cette période sont issus de mes questionnements sur ma petite enfance et par le biais de quelques clichés rangés dans des albums photos. On peut d'ailleurs m'y voir souriante avec l'air heureux de vivre, ce qui ne semble pas le cas pour mes aînés, qui avaient déjà quelques années de pratique familiale... Ainsi, les visages de Louis et Mathilde apparaissent plus éteints. J'ai toujours trouvé le regard de Louis triste sur ces clichés, à l'image du manque d'expression des visages atones observés sur les photographies d'antan. Difficile d'avoir une perception sur un bonheur immortalisé sur du papier brillant, les années suivantes, les clichés photographiques se sont faits rares, au point que je n'ai que très peu de photo de mon adolescence ou de souvenir familiaux. Si l'envie venait de questionner mes parents sur mon caractère lorsque j'étais petite fille, ils répondraient sans aucun doute : comédienne et capricieuse. Pour étayer leurs propos, ils citeraient deux exemples: l'anecdote des sabots et mes pleurs lorsque j'étais punie au coin.

***

Ahhh, l'affaire des sabots !

J'ai dû l'entendre des dizaines de fois. Assise dans un caddie, alors que ma mère et moi étions en courses, nous avons croisé une de mes tantes paternelles. Cette

dernière souligne combien mes sabots sont jolis, à cela j'aurais répondu :
– Oui, j'ai pleuré, j'ai pleuré et je les ai eus!
Quelle affaire d'État! Ces propos, tandis que je devais être âgée de quatre ou cinq ans à peine, me collent à la peau. C'est dire, je ne m'en souviens que parce que cette anecdote m'a été racontée des dizaines de fois. Des paroles sorties de leur contexte à chaque fois que je me suis positionnée ou que j'ai osé tenir tête dans une discussion, en somme pour décrédibiliser ma parole puisque très douée pour la comédie… Vexée de la situation, je pestais, le monologue parental terminait donc fatalement par un :
– Amanda, comme tu es susceptible !

S'il est facile de réprimander ou punir un enfant pour ses actes, c'est autre chose de définir l'adulte qu'il est devenu par cette unique représentation. Certains raccourcis peuvent être blessants, surtout lorsqu'ils ne sont pas légitimes. En soi, les comportements enfantins sont transitoires et ne durent donc pas ad vitam Æternam. Pour mes parents, c'est dans mes gènes. Une étiquette bien adhésive qui me colle à la peau. Alors, dès que je n'agis pas comme ils le souhaitent, je redeviens pour eux cette petite fille capricieuse, susceptible, rageuse et vilaine.

***

Vilaine

Ce terme est lourd pour moi il m'affecte profondément, il me fait réagir et ravive ma blessure affective. Combien de fois l'ai-je entendu ? trop de fois pour les compter ! Quand Nicole sentait qu'elle perdait le contrôle sur moi, qu'elle ne parvenait pas à m'atteindre avec sa carte fétiche du " chantage affectif ", elle portait le coup de grâce en plein cœur, en touchant l'Estime de Soi, assez fragile chez moi. J'avais donc régulièrement droit à :
- Regarde-toi dans un miroir, regarde comme tu es vilaine ! On peut lire la méchanceté sur ton visage ! On dirait ton père !
- Mais qui es-tu ? Je ne te reconnais pas, j'ai l'impression de voir deux Amanda, la bonne et la mauvaise.
La comparaison avec mon père était accablante, surtout en connaissant sa violence. Les paroles de ma mère, chargées de cruauté et de comparaison avec mon père, m'ont profondément blessée. Elle semblait vouloir me faire porter le poids de sa violence, comme si elle cherchait à me faire endosser sa haine et sa douleur. Cette habitude à vouloir m'attribuer une méchanceté que je ne reconnaissais pas en moi m'a laissé un sentiment d'injustice et de confusion. Chacun des mots qu'elle prononçait avec hargne, me poussaient à me dissocier de moi-même pour survivre,

la honte et la culpabilité créant une déconnexion de ma propre identité. Comment pouvais-je comprendre qui j'étais réellement avec une mère qui me renvoyait une image méprisante de moi-même. Cette violence psychologique a créé de profondes cicatrices, invisibles certes, mais pourtant très douloureuses.

***

Je garde peu de souvenirs de mon enfance, les plus nets démarrent autour de la naissance de Marius, avant, j'ai juste des bribes. J'ai donc sept ou huit ans pas moins, à cette période, tout est loin d'être noir. J'ai le sentiment d'avoir été un peu heureuse. La tristesse est arrivée plus tard, à l'adolescence, et s'est majorée à l'âge adulte quand la contenir n'a plus été possible. La douleur toujours présente est devenue insupportable.

Je peux revoir la cour de l'école primaire avec ses nombreuses bosses en ciment que nous appelions les baleines ; la marelle ; les parties de billes ; les parties d'élastique et les concours de corde à sauter avec les copines ; les genoux rougis par l'éosine après que ceux-ci eurent embrassé le sol de la cour de récréation. Mon serre tête bleu ciel dont ma chevelure ne se séparait jamais jusqu'à que celui-ci se brise en se coinçant sous le montant de la porte du salon. Ma maîtresse de CP, Madame Réglisse qui ne lésinait pas avec l'autorité et réglait les conflits à coup de règle sur les doigts ou de tirage de tresses... Les trajets en autobus avec le garde champêtre. En somme, des moments plutôt classiques d'une enfance insouciante, sans perception des tensions et soucis financier du quotidien.

Durant ces années, mon meilleur souvenir est le moment où mon père, vêtu de son uniforme, a interrompu la classe de CP pour venir me chercher, afin de me conduire à la clinique pour faire la connaissance de Marius né en ce mois de printemps. Une vraie petite merveille ! Marius était vraiment un joli bébé. Bien que cela fut évoqué par Nicole, je n'ai pas le sentiment d'avoir exprimé d'une manière ou d'une autre de la jalousie à sa naissance, j'avais tout juste huit ans et je me souviens avoir aimé ce petit frère instantanément ! C'était aussi une merveilleuse occasion de devenir à mon tour une grande sœur, moi qui étais la petite dernière. Pourtant, concours de circonstances ou non, la paralysie faciale dont je souffrais depuis quelques jours déjà, m'a toujours été contée comme un signe de recherche d'attention motivée par la naissance de Marius. Une recherche d'affection, d'attention terriblement douloureuse en ce qui me concerne, elle m'a coûtée beaucoup oui, beaucoup de souffrance à travers ces satanées stimulations électriques.

Dans les semaines qui ont suivi l'arrivée de Marius, nous avons déménagé pour aller nous installer à la caserne des pompiers. La scolarité des aînés nécessitant des kilomètres de trajet et les finances fragiles de la maisonnée ont motivé cette prise de décision. Une nouvelle vie allait commencer en ville, j'allais entrer dans l'adolescence avec son lot de tourment, sans imaginer un seul instant qu'un retour à la case départ serait acté huit ans plus tard.

***

16 ans

De retour dans notre campagne natale, les conditions familiales ont donc changé entre-temps et moi aussi. L'insouciance et la légèreté de mes huit ans étaient loin et le climat de tension au domicile plus fort que jamais. L'absence d'espace de paroles et de liberté, la difficulté de se déplacer par manque de transport en commun, les histoires intrafamiliales, les maux liés aux mots, les pleurs, la peur, l'absence, la solitude, la négligence, l'ennui, le dégoût, la colère, beaucoup de colère et la violence... c'est une période que j'aimerais oublier. À y regarder de plus près, c'est bien ce que j'ai fait pendant des années, par défense inconsciente. J'ai totalement barricadé mon être intérieur dans mon corps, si bien que des années durant, j'ai vécu dans le futur puis dans le passé en passant à côté du temps présent. Je me suis convaincue que ce qui "ne m'avait pas tué, me rendrait plus forte". L'objectif premier était de survivre jusqu'à ma majorité, après, la pression parentale serait plus facile à gérer. Il faut croire que non, mais je n'avais pas encore conscience d'en avoir pris pour perpétuité...

Durant ces années, j'ai pris mon mal en patience, comptant sur mes objectifs pour avancer. Je ne savais pas vraiment ce que je voulais faire de ma vie, en revanche, j'ai su très tôt que je ne ressemblerais JAMAIS à ma mère! Rien, oui rien ne devrait me rattacher à elle. Ni la question du physique, ni la question du mental, je serais différente en tout point ! Je crois avoir plutôt bien réussi, mais à quel prix.
Malheureusement, s'il y a bien une chose que l'on ne maîtrise pas, c'est la question de la génétique qui tend à prendre l'ascendant. Si psychologiquement, il est possible de ne pas ressembler à une personne, le miroir lui, ne ment pas. Fatalement, il existe des traits détestables que l'on ne choisit pas de voir naître avec les années, ce qui complique les choses dans la quête de l'estime de soi.
Au-delà du côté suicidaire de Nicole, le quotidien n'était pas facile. Sans savoir pourquoi, à certains moments, Nicole avait un regain de, je ne sais trop quoi d'ailleurs, mais elle alternait les sautes d'humeur et les pleurs. Je me souviens d'un mercredi où je suis rentrée du collège avec une quinzaine de minutes de retard environ. Lorsque je suis arrivée à la maison, elle m'a d'abord tourné autour quelques instants, puis s'est

embrasée comme une buche dans la cheminée, me hurlant mon retard avant d'empoigner mes cheveux. Alors qu'elle s'acharnait à me décoller le cuir chevelu d'une main, et à me cogner de l'autre, j'ai été subitement envahie d'une rage immense, et pour la première fois, tandis que j'étais assise, je me suis levée en lui hurlant son ignorance! Qu'elle ne s'intéressait qu'à sa petite personne sans se soucier de la raison pour laquelle j'étais en retard, et que je ne la laisserais plus se défouler sur moi! Je crois l'avoir scotché. Je suis sortie dans le jardin en pleurs, criant l'injustice. La réalité est que mon retard était dû à une prise à partie par deux filles de mon âge cherchant le conflit. Si je me suis rapidement fait quelques copains en arrivant dans ce nouveau collège, les trajets en bus étaient plus compliqués, faisant l'objet de quelques remarques désobligeantes de la part de deux adolescentes probablement dérangées par mon apparence jugée un peu trop urbaine pour ces demoiselles. Heureusement cela a rapidement cessé suite à une explication musclée qui aura permis de remettre les points sur les i.

***

Le temps était venu pour moi d'être plus autonome. En première, ma mère a décrété qu'il serait préférable pour moi d'opter pour un apprentissage, sans doute plus à mon niveau... alors dès la fin des cours, au mois de juin, nous avons cherché un maître d'apprentissage pour des études de préparatrice en pharmacie. Nicole a pensé que cela me correspondrait bien. Elle n'avait pas réellement tort, mais pour ça aussi, elle a choisi à ma place! Cet été-là, j'ai donc démarré à l'officine, bye bye les vacances...

J'ai ainsi entrepris des études que j'ai réalisées avec succès. Par chance, la pharmacie dans laquelle je travaillais était chouette et les personnes y travaillant emplis de bienveillance. La pharmacienne titulaire a été une source d'inspiration identitaire, elle m'a transmis le sens du travail et m'a fait confiance. Je suis reconnaissante à la vie de l'avoir rencontrée. Il est vrai que j'ai dû faire preuve de ténacité durant ces années. Lorsque j'ai démarré à l'officine, j'avais dix-sept ans et, par conséquent, je ne possédais pas encore le permis. Alors, les journées étaient longues, très longues et débutaient à 6 H 30. En 1997, la communauté urbaine ne s'étendait pas sur l'ensemble de la rive droite de Bordeaux et les lignes du Citram étaient limitées, ainsi, pour parcourir les kilomètres qui me séparaient de mon lieu de travail, je devais prendre deux bus Citram et un bus de ville, ensuite, il me restait quelques centaines de mètres à parcourir à pied. Entre midi et deux, j'avais une coupure de deux heures trente, alors les jours de soleil, j'allais m'asseoir sur un banc en bas de la cité voisine avec un livre et mes deux sandwichs maison fait de pain de mie et de jambon.

Les jours de pluie, je prenais à nouveau le bus pour me rendre au centre-ville où j'arpentais la rue commerciale nommée Sainte Catherine toujours mes sandwichs au fond du sac. À 19 h, il était temps de parcourir le chemin en sens inverse, à la différence qu'il me fallait davantage marcher, car le bus n'empruntait pas le même chemin. Parfois mon père m'attendait à l'arrêt pour me ramener à la maison, sinon je me débrouillais pour prendre une autre ligne me rapprochant un peu plus du domicile et terminais ma course dans la nuit éclairant mes pas à la lampe poche les soirs d'hiver.

Vingt heures, c'est généralement l'heure à laquelle j'étais de retour à la maison, je prenais mon dîner seule, une assiette vide m'attendait sur la table.

***

Un jour, j'ai attrapé une gastro-entérite hors norme ! Bref, j'ai demandé à ma mère si elle pouvait me conduire au travail, car je n'étais pas sûre que mes sphincters tiennent le coup... Étant mère au foyer, je ne m'attendais pas vraiment, quoique probable, à un refus de sa part. Inutile de détailler la difficulté du trajet en transport en commun, mais grâce à la "bienveillance" de ma mère, je n'ai réussi à tacher que mon pantalon et ma fierté... Le pull autour de la taille après un petit tour dans les sanitaires, ma blouse sur le dos, j'ai commencé ma journée au travail.

Grâce à mon petit revenu d'apprentie, j'ai pu économiser et me payer mon permis de conduire. Après quelques mois, j'ai enfin obtenu mon papier rose! J'étais tellement contente, à moi la liberté, à quelque chose près car il me manquait la voiture et pas question d'imaginer une seconde que je puisse emprunter celle de mes parents. Par chance, une de mes tantes m'a fait un cadeau inestimable et m'a offert la voiture de mon grand-père maternel dont elle avait hérité. Une Opel Kadett! Au bout de huit longs mois, j'allais abréger mes souffrances et pouvoir faire en une vingtaine de minutes un trajet qui me prenait deux heures trente. Quel soulagement ! Il aura été de courte durée, entre la batterie en rade régulièrement et la perte de contrôle sur une flaque d'huile dans un rond-point, ma jolie propulsion aura eu raison de moi ! Retour à la case départ…

J'étais au bout de ma vie. Comment allais-je faire pour acheter une autre voiture? Mes parents n'auraient sûrement pas les moyens pour m'avancer l'argent et ne me l'ont d'ailleurs pas proposé. Ce sont Mathilde et Louis malgré leur budget serré qui m'ont prêté, à eux deux, la somme nécessaire à l'achat de ma future voiture. Ils m'ont vraiment épargnée la rudesse d'un quotidien en m'aidant, si seulement ils pouvaient le mesurer. Tous les mois, je les ai remboursés et ce jusqu'au dernier centime. À cela, s'ajoutait la contribution financière que je donnais à mes parents tous les mois pour participer à la vie quotidienne. Avec le recul et mon regard d'adulte, je ne vois pas réellement quel sens donner à cette participation mensuelle. Un acte éducatif, l'apprentissage du sens des responsabilités ? Peu cohérent à mon goût, je gérais déjà mes dépenses et finalement n'étais pas une charge financière puisque je m'habillais, entretenais mon linge et celui des autres et complétais les courses par de petits plaisirs. À tout juste dix-huit ans, on peut imaginer ne pas représenter un poids pour ses parents, mais Nicole me répétait souvent qu'après dix-huit ans, il n'était plus de son rôle d'entretenir ses enfants, et qu'il en serait de même avec ses petits enfants, ayant déjà élevé sa progéniture, elle n'assumerait pas son rôle de grand-mère. La couleur était annoncée.

***

Toutes ces années, j'ai tenté d'être la fille presque parfaite attendant, bon gré mal gré, l'heure de mon départ. J'avais l'esprit conditionné par les règles de vie de la maison, par le lien aux autres au travers de la méfiance à avoir d'un point de vue sociétal, politique, la manière dont les filles doivent se tenir, se vêtir pour éviter d'être victime d'une agression car objet de tentation, les horaires à respecter, le respect des anciens... En quelques mots, mes parents étaient stricts et possédaient un certain nombres de pensées limitantes. La fonction du patriarche endossée, mon père exerçait son "rôle" de protecteur à la perfection. L'idée que les filles sont plus vulnérables que les garçons et surtout, qu'elles sont de potentielles proies sexuelles dans la tête du sexe masculin, était la démonstration clé pour clôturer certaines demandes; ainsi, sans aucun préavis, le risque "de passer à la casserole" était systématiquement donné comme argument lorsque je tentais une demande de sortie. Pour ma mère, il y avait quelque chose de plus sournois. S'appuyant sur les éléments patriarcaux, car quoiqu'elle en dise elle y trouvait satisfaction, l'idée d'avoir la main mise, le pouvoir de contrôler et orienter mon père, et de me garder à disposition lui convenait totalement. Rien ne pouvait jamais être dans la simplicité. Une demande devait toujours être argumentée et mes amis étaient passés au crible avec une tonne de questions. Ça n'était pas juste un: où, quand, comment, comme les parents sont légitimes de le demander, cela ressemblait plutôt à un interrogatoire avec une convocation pour mes amis, textuellement, afin de négocier avec mes parents qui semblaient prendre un malin plaisir à mener une enquête en bonne et due forme.

À cette période, Nicole apparaissait plus en forme. Elle paraissait avoir repris le contrôle d'elle-même, au point que ses formes elles-mêmes étaient contrôlées. Elle alternait les phases de régimes et de prise de poids, avec l'idée que dans cette métamorphose, elle pouvait gérer et tenir à distance l'appétit masculin de Jacques, ainsi, elle m'expliquait comment stratégiquement, elle s'assurait un peu de tranquillité en tenant à distance mon père. Manipulatrice, j'essuyais également des remarques sur mon apparence physique, notamment quand Nicole estimait que je devais faire attention ayant " pris un peu de fesses ".

Apprivoiser son corps à l'adolescence n'est pas évident, même s'il s'agit d'un processus normal. Les hanches commencent à s'élargir, faisant apparaître plus de courbes, les seins se développent en même temps que les émotions. Les reproches jugés bienveillants sur mon physique selon Nicole, n'ont fait que m'abimer et me préparer à une relation dysharmonieuse avec mon corps. Ma mère pointant du doigt mes nouvelles formes, n'a fait que me suggérer que je n'étais pas assez jolie, trop grosse. Du haut de mes seize ans, je l'ai interprété comme un regard attentif à mon égard, ma mère prenait soin de moi, à sa manière certes, mais elle me regardait. Avec mon regard d'adulte, j'y vois davantage une concurrence malsaine. Trop jeune et immature pour percevoir son fonctionnement toxique, son attitude ne m'envoyait pas les bons signaux. Elle faisait régulièrement le constat de mes formes généreuses comme un problème, alors qu'en public, elle me présentait comme une poupée magnifique qu'elle agrippait de ses tentacules, répétant mielleusement combien elle m'aimait. Je détestais ça ! Son attitude théâtrale, sa proximité physique inadaptée me dérangeait profondément, mais elle était ma mère. Avec les années, ce qui me dérangeait beaucoup est devenu insupportable, je voudrais mesurer le choix de mes mots, mais, les éprouvés corporels associés sont si forts, que je ne peux pas faire semblant.

Bien que la présence de Nicole ait été des années durant difficile à supporter, j'ai toléré, en revanche la proximité physique m'est impossible. Son odeur, sa voix, sa peau, son regard pénétrant génèrent en moi une réaction au-delà du supportable, de l'ordre du dégoût. Chacune des particules de son être, me renvoient à un vécu douloureux, un vécu qui va m'habiter durant quarante-trois ans.

À quarante ans, la rupture de lien définitive. À quarante-trois ans après une méchante dépression, une cure de sérotoninergiques et une thérapie douloureuse, je me sens mieux ! Aujourd'hui, j'ai quarante-quatre ans, je poursuis ma thérapie et je suis sur le chemin du mieux-être. Ma colère, ma haine sont moindres, mais l'idée du vide affectif parental m'est encore difficile.

12
Léo
Et puis un jour, j'ai rencontré Léo.

Léo est mon mari. Nous nous sommes rencontrés au collège, en classe de troisième. Il faisait partie du petit groupe d'adolescent avec lesquels j'avais sympathisé. Il semblait réservé, mais étonnement, Léo était régulièrement dans le bureau de la conseillère d'éducation, pour cause de fous rires trop réguliers, rien de bien méchant. Initialement, nous étions des copains rien de plus, mais le temps ayant fait son œuvre, mon cœur a chaviré, lorsque deux ans plus tard, il me rendit visite chez mes parents. Ce jour-là, Léo était accompagné de son ami d'enfance, Gaspard. Nous avons passé un moment ensemble, à discuter de choses et d'autres, à plaisanter aussi. J'ai eu le béguin ce jour-là. Vêtu d'un t-shirt de couleur saumon et d'un jean blanc, il était tout simplement irrésistible, j'étais sous le charme.

***

Avec Léo, j'ai rencontré une famille très différente de la mienne. Il est l'aîné d'une fratrie de trois et ses parents sont bien plus jeunes que les miens, ce qui à mes yeux pouvait être la seule explication d'une telle différence éducative. Bien que très bien accueillie au sein de leur foyer, cela n'a pas toujours été facile pour moi. Lorsque j'y pense, aujourd'hui, j'ai l'âge qu'avaient mes beaux-parents, et mon fils aîné le même que moi à l'époque, lorsque je suis entrée dans leur vie. L'ambiance était chaleureuse chez Marie et Stéphane et les fous rires allaient bon train. Nombreuses ont été les soirées où ils recevaient leurs amis, toujours dans la bonne humeur. Les premières années, j'étais relativement perturbée de constater de tels écarts entre notre deux familles, j'en fus gênée aussi. Troublée par l'attitude à adopter certaines fois, notamment face à quelques blagues légères aux grandes thématiques de l'époque dont je ris volontiers aujourd'hui, je ne savais comment réagir. L'ambivalence entre l'amusement du moment et mes interdits liés aux valeurs inculquées, auxquelles je n'étais pas tout à fait sûre d'adhérer d'ailleurs, rendaient ces temps malaisants. Je percevais le côté dubitatif de mes beaux-parents qui voyaient bien que j'étais mal à l'aise. Je demeurais interdite, pourtant bien des fois, j'aurais eu envie de rire aux éclats.

Au début, mes parents limitaient beaucoup mes moments avec Léo, j'étais cependant majeure depuis quelques mois lorsque nous nous sommes fréquentés, mais sous prétexte de beaucoup de choses, comme le fait de vivre chez eux, ils invoquaient un droit de regard sur ma vie. Alors, lorsqu'ils ont perçu que cela devenait sérieux entre Léo et moi, ma mère a organisé une table ronde! Ne connaissant pas mes nouveaux amis, Nicole n'avait plus la main. Pour mémoire, je vous rappelle que cette dernière maitrisait à la perfection mon intimité adolescente ayant lu la totalité de mes courriers et entendu bien des communications téléphoniques... Malgré mon sérieux, elle convoqua Léo et sa cousine à la maison. L'idée étant de faire passer un message de prévention... "je vous confie la prunelle de mes yeux !" Avait-elle dit entre autres choses. J'avais tellement honte ! Je ne pourrais jamais oublier ce moment, et Léo, qui parfois peut avoir la mémoire courte, s'en souvient parfaitement! Dès lors, le cadre restrictif de mes sorties fut légèrement assoupli. Je suis passée de pas grand-chose à la permission de minuit.

J'ai besoin d'illustrer ce qui est encore incompréhensible à mes yeux. Je travaillais déjà depuis plusieurs mois à la pharmacie, pour mes études de préparatrice. Mes semaines étaient donc rythmées par des journées bien remplies sur le modèle des quarante-deux heures par semaine. Le samedi soir était en conséquence le moment où j'aurais pu en profiter pour me détendre, me changer les idées, en somme vivre. Mais non, je devais faire des choix, le cadre permissif étant rigide. Je payais pourtant un loyer à mes parents, ce qui, je pensais, aurait pu me faire basculer dans la cour des grands !

Assez grande pour travailler et payer un loyer, mais trop jeune pour vivre librement… Bref…

Mon cher Léo pratiquant du handball, jouait ses matchs la plupart du temps, le samedi soir. Évidemment, les matchs ne se jouant pas systématiquement sur place, il y avait des déplacements retours. Par manque de place et sans doute pour d'autres raisons dont je ne me souviens pas, je ne l'accompagnais pas souvent. J'attendais donc, qu'il vienne me chercher à la maison, ne possédant pas encore de voiture. Malheureusement, distance oblige, l'heure d'arrivée trop tardive, ne me permettait pas de pouvoir accompagner la joyeuse petite troupe pour aller danser. Arrivant vers 22 H 30, il est inutile d'expliquer qu'avec un retour chez moi pour minuit non négociable, je n'allais pas contraindre Léo et mes amis à ne pas festoyer, alors je gardais le sourire et l'énergie nécessaire pour ne pas les culpabiliser de repartir sans moi. Puis, je regagnais ma chambre, les larmes plein les yeux.

Je ne pouvais plus supporter le quotidien. J'avais le sentiment d'évoluer dans une ambiance d'injustice en permanence, quoi que je fasse, quoi que je dise. Alors, je n'ai rien lâché et j'ai enchaîné mon code et les heures de conduite. Le permis en poche avec la voiture de mon grand-père, je gagnais en autonomie. C'était sans compter sur un accident de la route qui m'a endeuillée profondément. Grâce à l'aide financière de Mathilde et Louis, et de l'œil avisé de Stéphane mon beau-père en matière de voiture, j'ai pu rebondir assez rapidement et, même si Léo et moi ne nous fréquentions que depuis quelques mois, nous commencions à projeter de nous installer ensemble. Je ne pouvais pas compter sur mes parents, il était inutile de demander ou d'imaginer prétendre à quelque aide que ce soit. Parents pas prêteurs, parents persécuteurs, parents culpabilisateurs, je ne respirais plus, je me consumais, brulant littéralement à l'intérieur.

***

Arriva le point de non-retour, bien que mon corps n'était déjà que souffrance, une scène familiale fut de trop. À dix-huit ans, le stress au quotidien avait raison de moi, je me consumais littéralement de l'intérieur par des gastrites à répétition. À la brûlure physique s'ajoutait la brûlure émotionnelle de mon âme, rendant chaque moment douloureux encore plus difficile à supporter. Il était temps que je parte, il le fallait. Je me devais de fuir. Alors, lorsque les gendarmes, alertés par Louis depuis Toulouse, lui-même sollicité par notre mère, arrivèrent sur place, je ne réalisai pas. Tout juste rentrée de ma journée de travail, je découvrais le chaos. J'étais sidérée, dissociée. Les meubles étaient renversés tandis que d'autres brûlaient dans le jardin, une tornade s'était invitée dans le salon laissant des objets personnels jonchaient au sol comme des fragments de désespoir. Une dispute avait éclaté. Un sentiment d'angoisse montait en moi alors que je parcourais lentement du regard ce paysage de désolation. De colère, Jacques avait empilé une partie du mobilier dans le jardin avant de les enflammer. Il ne les avait pas choisis au hasard, certains ayant une valeur sentimentale pour Nicole, puisque réalisés par son père. J'ai été emplie de chagrin en observant la table de la cuisine que j'aimais tant dévorée par les flammes. Réalisée par mon père et mon grand-père maternel, elle était là, en feu, je ne la verrai plus, plus jamais. Je me demandais comment mon père avait pu en arriver à produire un geste aussi terrible. Dans le salon, les rideaux étaient au sol, le mobilier avait été visiblement bousculé. Mes parents étaient-ils devenus fous? Au loin, les gendarmes menaient l'enquête, c'était surréaliste. En somme, la guerre entre mes parents avait été déclarée! "C'est à moi pas à toi" s'était conclue par des coups de tringles à rideaux assénés à Jacques par Nicole. Par vengeance et puisque pas d'accord possible, personne n'aurait rien! Voilà pourquoi ça flambait dans le jardin. Encore une fois, mes parents avaient franchi les limites de l'entendement. À nouveau, la main tendue par mon frère n'a été acceptée qu'une minute avant d'être refusée par notre mère dès le lendemain, Jacques et Nicole s'étaient "réconciliés"... Nicole a annoncé la nouvelle le plus simplement du monde:

– De quoi vous mêlez-vous ? tout va bien entre votre père et moi !
Cet épisode, je l'ai vécu seule. Seule dans ma tête, seule avec moi-même, seule… Comme pour tous les autres. Il n'y aura pas de mots posés sur les maux, pas d'explications, pas de regrets ou d'excuses, non, il ne se dira rien. Juste le silence et les non-dits, ce qui se passe en famille reste en famille…

***

Peu avant mes dix-neuf ans, Léo et moi avons emménagé dans un petit appartement à Bordeaux. Notre havre de paix ! Nous avons récupéré à droite et à gauche un peu de mobilier, un des oncles de Léo, brocanteur de métier s'est montré présent. Pour lui, comme pour d'autres, il s'agissait d'un jeune couple qui prenait son envol. Pour moi, il s'agissait de bien plus. Personne ne savait ce que je vivais, y compris Léo. Bien sûr, il percevait que mes parents étaient des originaux, mais lui, ses parents, nos amis, ne pouvaient se douter de mon vécu dans la douleur, dans la peur, avec le sentiment d'injustice que je cachais. Je cachais très bien, trop bien. Dire, verbaliser… m'aurait affaiblie, il n'en était pas question, je n'étais pas prête à raconter, il s'agissait de ma normalité, il s'agissait de ce que je connaissais, c'était ma vie, c'était comme cela.

L'indépendance a un prix. Il ne nous restait pas grand-chose à la fin du mois, mais nous avions le calme et nous étions ensemble. Comme beaucoup de personnes qui démarrent leur vie, le dîner était souvent léger. J'ai continué mon apprentissage en pharmacie, j'alternais trois semaines de travail et une semaine de cours, cela me permettait d'avoir un petit salaire à la fin du mois. Le week-end, nous allions voir les parents de Léo, Jacques et Nicole, eux, me reprochaient, mon absence et de ne pas donner suffisamment de nouvelles. Pourtant, je veillais. Marius n'avait que dix ans lorsque je suis partie. J'ai eu l'impression de l'abonner. Alors, régulièrement je lui déposais des friandises, des petits plaisirs. Il n'avait pas l'air de mal le vivre, du moins en apparence, il n'en dira rien... Et puis, le jour tant redouté est arrivé, le jour où Marius a été confronté à ce que j'ai vécu.

Un soir d'hiver, Marius m'appelle, affolé, ne sachant comment réagir. Notre mère, à nouveau, venait d'ingurgiter un flacon d'anxiolytiques devant lui, le suppliant de ne pas la laisser seule. Où était notre père ? J'ai pris le relais. Au vu de son état somatique à mon arrivée, j'ai compris que le flacon d'anxiolytique ne devait pas être plein, voire vide. Elle ne somnolait pas, semblait avoir les idées claires. Elle avait l'allure que je lui déteste, les yeux et le nez rougis, gonflés, l'odeur salée de ses larmes chaudes, sa voix monotone et suppliante, sa robe de chambre bordeaux, ses chaussons élimés. J'ai dit à Marius qu'il pouvait partir, que j'allais m'occuper de Nicole. Je ne sais même pas ce qu'il a pu ressentir, nous n'avons pas parlé... Nous ne communiquions pas sur ce point sensible. C'était un sujet interdit, en parler nous aurait confrontés à une vérité trop cruelle, trop lourde à porter. Il ne fallait pas effracter l'équilibre que nous avions créé pour survivre, mais la réalité était que, Nicole n'en avait pas terminé avec nous, avec son chantage affectif et ses rituels suicidaires.

***

Afin d'éviter les reproches, je passais de temps en temps chez mes parents boire le café. Il n'était pas nécessaire de les prévenir, ils étaient systématiquement chez eux, ne sortant que très peu. Ça aussi, c'était un dossier épineux. Maintenant que j'étais un peu plus âgée et en couple, Nicole se sentait libre de partager à chacune de mes visites, son vécu le plus intime. Elle attendait que Jacques sorte dans le jardin, ce qu'il faisait à chaque fois, peut-être avait-il le sentiment qu'il devait nous laisser afin que sa femme ait un espace de paroles plaintives, ne les supportant sans doute plus.
Dès que Jacques avait fermé la porte derrière lui, l'attitude de Nicole changeait. Malgré les signaux de communication non verbale envoyés un peu plus tôt, je

restais toujours stupéfaite de la facilité qu'avait ma mère à dérouler les sujets. J'écoutais donc ses plaintes que je trouvais toutes plus inadaptées les unes que les autres. Pourtant, je restais là, à écouter. Elle déroulait son sentiment de solitude, les colères de mon père, son devoir conjugal qu'elle disait subir, n'oubliant pas d'illustrer ses propos par des métaphores explicites et images crues révélant l'acte sacrificiel qu'elle accomplissait pour apaiser son mari. Inlassablement, son discours s'éternisait sur l'hostilité que lui réservait sa belle-famille, les difficultés pécuniaires et les tactiques de mon père pour contrôler les achats maternels. Ensuite, elle abordait la relation à mon frère, Louis. C'est à ce moment-là qu'elle choisissait de jouer sur la corde sensible :
– Tu verras quand tu auras des enfants!
Ce qui n'allait pas tarder à se produire.
Ma mère a toujours pleuré auprès de Louis, jusqu'au moment où il ne l'a plus supporté et a mis de la distance physique entre elle et lui. Nicole possède une faculté fascinante à se victimiser. Elle ramène constamment sa souffrance à elle sans imaginer que ses propres enfants pourraient également souffrir. C'est comme si les effets négatifs de sa vie s'arrêtaient à elle. Sa préférence pour mes frères étant explicite, ma sœur n'était présente dans ses discours, que par des aspects négatifs.

– Ta sœur ci, ta sœur ça... Elle a choisi, elle ne vient pas nous voir, on ne connaît pas ses enfants...

Moi, je n'existais pas. C'est mon sentiment. J'étais pourtant la seule des trois aînés à lui rendre visite, à tenter de m'intéresser à elle, mais a priori, il semblait que ma présence n'éveillait qu'une attention minime; j'endossais le rôle de l'oreille attentive, celle dont le rôle était de transmettre les échos du désarroi parental à mes frères et sœurs.

13
Devenir mère

Les années ont passé, j'ai maintenu le cap en poursuivant mes études. Enfin mon diplôme de préparatrice en pharmacie en poche, Léo et moi, nous nous sommes mariés.

Un jour de printemps, de retour d'une livraison de médicaments à domicile, je crus reconnaître la Volvo rouge bien typée du fleuriste de mon village. Étonnant, que fait-il ici ? Ai-je pensé. Confirmant ma pensée, j'ai reconnu le propriétaire de la boutique muni d'un bouquet de roses rouges à la main. À peine le temps de regagner l'intérieur de la pharmacie, que ma patronne me demandait au comptoir. Le bouquet m'était adressé. À l'intérieur une carte disait:

" En ce jour de printemps
Et depuis bien longtemps
Nous y pensions si souvent
Rends-moi heureux jusqu'à la fin des temps
Un homme comblé, tu ferais en m'épousant "

Nous avons fixé le mariage au jour de l'été de l'année suivante. Une jolie date symbolique, après le printemps vient l'été. Entre temps, la vie nous a gâtés, et nous a envoyé notre premier cadeau. Bientôt, nous allions devenir parents.

***

Organiser un mariage n'est pas de tout repos. Il nous a bien fallu une année pour tout préparer ! Budgétiser, penser, réaliser, lister les invités, bref, beaucoup d'occupation. Du côté de Léo, tout a été fluide. C'était une étape pour ses parents, ils allaient marier leur fils aîné. Ils ont été là, comme toujours, discrets mais extrêmement présents pour nous. Marie et Stéphane ne sont pas dans les mots, mais dans les actes.

De mon côté, il y a bien eu quelques sujets de discordes, mais j'avais décidé de prendre de la distance, il n'était pas question de donner du grain à moudre à de potentielles scènes de ménage. J'ai donc plus ou moins appliqué la politique de l'autruche et je me suis régalée à laisser exprimer mon côté créatif. Invitations, menus, dragées, décoration, j'ai tout pensé et réalisé. J'avais choisi une thématique estivale aux couleurs lie de vin, écru avec une touche de jaune pour le côté lumineux. J'étais plutôt contente de moi.

Honorant les rituels prémaritaux, j'ai passé ma dernière nuit de femme non mariée sous le toit de mes parents, pendant que Léo, sous la garde rassurante de Gaspard, son fidèle ami d'enfance et témoin, célébrait de son côté sa dernière nuit de damoiseau. Je portais la vie, ce petit être insufflait en moi une détermination telle et une force d'avancer qui chassaient la solitude de mon esprit. Cet amour naissant pour mon futur enfant était un réconfort immense, je l'aimais déjà profondément, je l'aimais déjà si fort. Alors, je n'étais pas déçue d'aller me coucher relativement tôt en cette veille de mariage, esquivant l'électricité ambiante chez mes parents.

***

Le jour J

J'ai peu dormi cette nuit-là. Me retrouver dans ma chambre d'adolescente ravivait des jours lointains toujours aussi pesants. Malgré l'heure matinale, la chaleur était déjà au rendez-vous. Ce 21 juin 2003 était un jour de canicule. Après un petit déjeuner frugal, Noémie est arrivée et ensemble, nous sommes parti nous faire une beauté chez l'esthéticienne et la coiffeuse. Noémie est la cousine de Léo ainsi que la compagne de Gaspard, je l'avais choisie avec Zoé pour être l'une de mes témoins. J'aime me souvenir de ce moment partagé. Nous avons ri, pleuré. Cheveux au vent sur le trajet aller, vitres fermées sur le retour pour ne pas être décoiffées, nous sommes arrivées les joues cramoisies par la chaleur contenue dans la vieille golf de Noémie. De retour chez mes parents, l'heure était venue d'enfiler ma robe, entre temps, Louis et Mathilde ainsi que leur jolie petite famille étaient arrivés, l'émotion était palpable. C'est Louis qui nous a conduit mon père et moi à la mairie. Le trajet de la mairie à l'église s'est fait à pied. C'était une belle cérémonie. Les photos se sont déroulées dans un parc fleuri, où à ma grande surprise, j'ai croisé un de mes amis de ma vie bordelaise avant mon retour à la campagne. Ce retour en arrière fut assez perturbant, Flore était là aussi et n'a pas osé venir à ma rencontre. Cela m'a attristé, car j'ai eu le sentiment qu'ils auraient pu, dû être là, mais les épreuves de ma vie m'avaient conduites à faire certains choix et il en était autrement.

Une fois arrivés à la salle des fêtes, les choses se sont un peu compliquées. Nicole, ma mère a perdu pied. L'attention portée sur moi, la mariée, a dû lui être insupportable. Alors, elle a vrillé Par chance, Mathilde était près de moi et a pu l'éloigner rapidement même si j'ai le sentiment que ce moment s'est cristallisé à jamais.

Les pommettes déjà bien rosées par la chaleur, Nicole s'est tout à coup empourprée, lâchant des larmes de manière torrentielle. Puis à l'image d'une crise de nerf, rageuse, sans préavis, elle s'est mise à me lancer qu'elle était fatiguée, qu'un zona au thorax la faisait souffrir le martyre et qu'elle aussi, oui elle aussi, était enceinte ! Je n'ai pas compris, j'étais stupéfaite. Mon cerveau ne pouvait pas intégrer l'information.

Comment, à cinquante-quatre ans, pouvait-elle être enceinte ? Et pourquoi me faire cette annonce, quel en était l'intérêt, sinon de me blesser ? À l'évidence, elle ne pouvait pas, non, elle ne pourrait définitivement jamais se réjouir pour moi! Passer à autre chose était plus que nécessaire, c'était une obligation. Il m'a fallu me reprendre, je ne pouvais pas m'effondrer le jour de mon mariage. Malgré quelques larmes essuyées sur mon visage, j'ai repris mon masque social instantanément et personne, selon moi, n'en a rien su hormis Mathilde. Je crois avoir un peu respiré lorsque Jacques, Nicole et leurs invités ont quitté la soirée.

Le lendemain, nous avions donné rendez-vous à qui le souhaitait afin de marquer la fin des festivités. Il faisait très chaud. Lorsque mes parents sont arrivés, Nicole était très fermée. Son visage trahissait quelque chose de violent à mon égard. J'ai eu le sentiment qu'elle me détestait. Manifestement, cela ne semble pas avoir suffi de me faire prendre définitivement le large, j'étais encore sous son emprise, victime d'une carence affective massive, à la recherche d'un amour maternel que je n'ai jamais ressenti. Tout cela ne faisait que confirmer cette certitude, entre elle et les membres de la famille paternelle invités, je me sentais vraiment la dernière de la liste des personnes à aimer.

***

Les mois suivants, je me suis concentré sur nous, sur moi, sur la vie en moi. Il était hors de question que mon enfant ressente quelque tension que ce soit. Bientôt, nous avons appris que notre petit trésor était un garçon. Un bonheur absolu qui est venu confirmer ce que je ressentais déjà, profondément ancré en moi, celui qu'à l'évidence je n'aurais que des garçons, car comment être la mère d'une petite fille. Comment aurai-je fait ? Mon modèle étant dysfonctionnel, je n'avais aucun repère. Du haut de mes vingt-quatre ans, je ne pouvais envisager les choses différemment. J'avais décidé, que toute ma grossesse serait bonheur. C'est une promesse que je m'étais faite depuis mon adolescence, l'évidence que lorsque je porterai la vie, je ne saurai être autrement que la plus heureuse du monde ! Ce fut le cas. Tous les jours, je chantonnais à mon fils la chanson que je lui avais choisie : " La réponse à leur prière " interprétée par Poetic Lover.

"Descendu tel un ange
Il symbolise le tendre mélange
De leurs corps et leurs esprits
Pour un troisième souffle de vie

Alors que la lumière
De notre monde effleure ses paupières
Il écrit par ses quelques pleurs

Les premiers pas d'un long bonheur

Et ce moment éclaire
Leur avenir, sans présenter de frontières
A l'histoire qui prend jour
Au cœur de cet amour
A travers la réponse à leur prière

Ils admirent ce visage
Où une partie d'eux a fait naufrage
Il est le reflet grandissant
De l'amour et de ses présents

Et ce moment éclaire
Leur avenir, sans présenter de frontières
A l'histoire qui prend jour
Au cœur de cet amour
À travers la réponse à leur prière

Au sein d'un éveil que le ciel
Libère tel un héritage

Et ce moment éclaire
Leur avenir, sans présenter de frontières
A l'histoire qui prend jour
Au cœur de cet amour
À travers la réponse à leur prière

A l'espoir qui s'inscrit
Au cœur de ce récit
À travers la réponse à leur prière"

Les paroles sont bouleversantes de vérité.

C'est en début d'année 2004 que notre petit cœur a vu le jour pour notre plus grand bonheur. Maxime. Sa rencontre a été magique. Des larmes de bonheur ont perlé sur nos joues y compris sur celles de son grand-père paternel, le colosse de la famille. Il a tellement été ému de cette rencontre. C'est un merveilleux souvenir, très émouvant, un souvenir que je me plais à rappeler dès que j'en ai l'occasion.

Maxime a été un petit garçon facile, le sourire et la bêtise gentille. Vif et gaillard, il aimait rappeler régulièrement que l'embêter était une mauvaise idée. Il est devenu un jeune homme plein de vie avec son quota émotionnel bien à lui. Il a grand cœur sous ses airs parfois un peu rageur. Je suis très fière de lui, il a de grandes qualités qu'il n'a pas encore eu l'occasion de découvrir dans leur entièreté. Le temps est à lui, il a le temps. Ce que j'aime particulièrement chez mon fils aîné, c'est la contradiction qu'il présente dans une attitude occasionnellement orageuse et sa sensibilité accrue que je perçois dans chacun de ses gestes de tendresse. Comme je l'aime.

Bientôt Maxime, allait être rejoint par une autre merveille de la nature, pour mon plus grand bonheur de mère. À nouveau le lecteur CD a tourné dans la voiture, la coutume étant de chanter mon amour et mon impatience à voir le petit bout de nez de mon bébé. Le grand jour est arrivé, durant l'été 2007, par une belle nuit au lendemain de la fête des pères, nous avons accueilli un magnifique petit garçon au doux prénom de Noé. Il était parfait. En trois ans de temps, la prise en charge des nouveaux nés avait encore évoluée, j'ai donc eu la douceur de pouvoir serrer contre mon cœur mon bébé plusieurs heures durant. Le temps s'était figé, entre rêve et réalité, mon Léo près de moi, nous étions les parents les plus heureux du monde.

Noé était le bébé parfait ! À l'image de son frère, il a été un enfant facile, le sourire collé au visage, extrêmement câlin, mais aussi très charmeur. En grandissant, l'injustice lui étant insupportable, il s'est fait naturellement le porte-parole de ses pairs. Possédant des ressources qui me laissent parfois pantoise, il maîtrise avec justesse certains champs lexicaux! Cela nous a occasionné maints fous rires. Noé aussi a bénéficié d'un accueil familial enveloppé d'amour et de larmes de bonheur malgré l'assurance de mon beau-père précisant qu'il ne pleurerait pas une deuxième fois. Échec et mat beau papa! Mon beau jeune homme a aujourd'hui 15 ans, je suis tellement fière de lui également et Dieu que je l'aime. On dirait bien que la vie nous a gâtés avec Léo; être parents n'est pas chose simple au quotidien, mais nous avons le sentiment que nous tenons la mission et commençons à obtenir la satisfaction de l'éducation que nous leur avons donnée.

***

Où étaient mes parents dans tout ce bonheur ? Je dirai partout et nulle part. Nulle part, car absents de la vie de leurs petits-fils trop accaparés, absorbés certainement dans leur relation toxique. Je n'ai pas eu la chance de vivre mes grossesses accompagnée par ma mère. Cette étape aussi, j'ai dû la vivre sans elle, sans lui. Préoccupés à se déchirer, ils n'ont pas été des grands-parents présents. Mes parents étant dans une grande tourmente lors de ma deuxième grossesse, j'ai dû prendre des distances physiques et morales, particulièrement avec Nicole. Il n'était pas concevable, que l'énergie négative de cette dernière m'envahisse et qu'elle puise dans mes vibrations énergétiques. Il m'a fallu faire un choix, j'avais vingt-sept ans, et, neuf ans après avoir fui le domicile parental, c'est elle que je devais fuir.

À cette période, dans l'attente que notre maison sorte de terre et par soucis d'économie également, nous avions investi le sous-sol chez mes beaux-parents.

Nous nous étions créés un petit espace sommaire, mais somme toute douillet dans l'attente de la fin des travaux. Un soir d'hiver, alors que la pluie faisait rage à l'extérieur , Léo et moi, nous apprêtions à regarder un film, emmitouflés sous un plaid, lorsque j'ai reçu l'appel téléphonique de mon frère cadet Marius, 19 ans. Un scénario tragique avait éclaté chez mes parents et il en avait été le spectateur. L'objet de son appel était de m'alerter sur le fait que Nicole était en route pour me rejoindre et qu'elle allait débarquer d'un instant à l'autre, mais surtout, qu'elle était dans tous ses états. Je m'attendais au pire… Par chance, Maxime dormait déjà.

***

Je me suis hâtée de surveiller son arrivée afin qu'elle n'envahisse pas l'espace de mes beaux-parents, j'aurais été tellement gênée. Lorsqu'elle est apparue, la nuit était déjà là, froide et sombre en ce mois de décembre.

Couverte de boue, le visage ravagé par les larmes, elle s'est dirigée vers moi telle une furie malgré une démarche peu assurée. À mesure qu'elle s'avançait vers moi, chacun de ses pas semblait l'attirer un peu plus vers le sol caillouteux. Puis, dans un dernier mouvement, elle se précipita à ma hauteur les bras grands ouverts envahie de paroles incompréhensibles.

Ses mots s'entrechoquaient à la vitesse d'un cheval au galop.
Je l'ai conduite immédiatement au sous-sol en passant par le jardin, espérant que Marie et Stéphane ne l'apercevraient pas, mais elle avait sonné au portail et c'est Stéphane qui lui avait ouvert... Suite à une énième dispute avec mon père, ce dernier aurait manifesté la volonté le domicile de manière imprévue sans doute pour mettre un terme au conflit. Nicole aurait alors tenté de le retenir par tous les moyens. N'y parvenant pas, elle se serait allongée sous les roues de la voiture de mon père. À ce stade de son récit, je pense avoir cessé de l'écouter. Je portais en moi la vie, je ne pouvais pas gaspiller d'énergie à panser les blessures narcissiques de ma mère, encore et encore. Alors, j'ai attendu qu'elle se calme, je pensais jouer la carte de la réassurance dans l'idée qu'elle regagnerait son gîte, mais, lorsqu'elle a tenté de me prendre dans ses bras, j'ai vrillé et dans un élan ultime de désespoir, je l'ai repoussée fermement. Je ne voulais pas qu'elle me touche, je ne voulais pas qu'elle pose ses mains sur mon ventre. Mon bébé, mon précieux cadeau de la vie, elle m'avait déjà volé tant de moments et d'intimité aussi. Cette fois-ci, mon instinct maternel a été plus fort, et j'ai mis des limites.
Nous n'allions plus nous revoir, du moins le temps de ma grossesse, si elle n'agissait pas différemment.

Elle demeurait interdite. Pour la première fois, j'ai fait face. Durant les mois qui ont suivi, j'ai coupé les liens avec elle. Mon père, lui, semblait s'être apaisé, il semblait plus calme, désireux de se rapprocher de ses enfants, de ses filles du moins. J'ai cru qu'enfin, ils allaient divorcer. J'y ai vraiment cru, en vain. Le couteau sous la gorge par des conditions financières difficiles, il est rentré. Une épouse, quatre enfants, mariés sous le régime de la communauté, ça allait coûter cher... Jamais cela n'allait s'arrêter, j'en avais pour perpétuité sans possible réduction de peine.

14
La Maîtrise

La maîtrise de soi... De quoi s'agit-il ?
Se dominer, contrôler ses émotions, son temps, ses relations, son corps... Pourquoi ? Satisfaire son entourage dans un besoin de reconnaissance perpétuel, pour se protéger émotionnellement et affectivement... Indiscutablement, cette contenance était pour moi un moyen d'éviter les mauvaises surprises. J'ai développé cette stratégie en réponse aux épreuves qui ont marqué mon adolescence, elle-même délimitée par les engouements et l'ascenseur émotionnel de mes parents dysfonctionnels.
J'ai vécu sur un mode d'hypervigilance avec l'idée de donner l'illusion et d'agir sur les choses plutôt que de les subir. Une volonté de tout vouloir bien faire, avec ce désir massif de satisfaire l'entourage dans le but ultime de compenser une grosse carence affective. Avoir le sentiment de "tout" contrôler, c'est diminuer les chances de souffrir.
Perfectionniste, minutieuse, exigeante, organisée... quelques uns des adjectifs qui m'ont été attribués dans cette vie. C'est valorisant, je confirme, mais c'est éreintant. Tant d'années dans le déni, dans un refus inconscient d'admettre une réalité insupportable

m'obligeant à maintenir mon corps et mon esprit en état de stress permanent, en vigilance absolue. En chemin depuis toujours vers l'épuisement, en proie à une culpabilité sans limite, tétanisée à l'idée de mal faire ou de mal dire, la chute était inévitable.

***

À l'aube de mes dix-sept ans, j'ai compris que ma mère et ses connaissances si intuitives sur mes faits et gestes, n'était simplement qu'une manipulatrice. Son sens aiguisé ne tenait en réalité, qu'à un comportement intrusif dans mon intimité. Menant nombreuses fouilles dans ma chambre, elle avait donc connaissance de mes secrets les plus intimes. Alors, j'ai dû m'adapter car le minimum de liberté que j'avais trouvé grâce aux mots couchés sur le papier, même ça, Nicole me l'a volé.
Mes moments d'innocence adolescente n'existent pas, j'ai ce sentiment d'avoir été vieille avant l'âge, toujours dans la retenue constante, en mode survie, puisque c'était la seule solution. Il me fallait tenir, alors j'ai planifié, anticipé afin d'éviter les mauvaises surprises. Cette notion s'est installée progressivement pour finir par devenir une partie intégrante de ma personnalité. Il m'aura fallu être au plus mal pour ouvrir les yeux et accepter un travail d'introspection. Même si je dois en souffrir encore et encore, je parviendrai à être celle que

je suis réellement, une femme imparfaite avec des qualités et des défauts! Je dois intégrer que je ne suis pas celle qu'on a voulu me faire désaimer avec les années. Non! Je suis simplement moi, Amanda, une femme avec ses fragilités, ses défauts, mais aussi avec une belle lumière intérieure pleine d'amour et de tendresse.

***

Lorsque j'ai atteint la majorité, je me suis empressée de fuir avec Léo. Dans un petit quarante mètres carré, nous avons créé un petit nid douillet grâce à de la récupération de droite et de gauche. Nous nous sommes installés dans un lieu dédié à notre autonomie, à ma pseudo liberté. À cette époque, je menais un apprentissage en pharmacie, j'avais donc une petite indépendance financière qui m'a permis de prendre mon envol. Entre mes études et le travail à la pharmacie, j'étais déjà bien occupée. Évidemment, je rendais régulièrement visite à mes parents, mais bon sang comme cela me coûtait. Les relations entre nous étaient toujours surjouées, je m'efforçais de donner le change et de leur transmettre un peu de bonne humeur. Les conflits entre Louis et Jacques, Nicole et Mathilde, la relation perverse entre mes parents, les plaintes de Nicole au sujet de son mari et la culpabilité que je portais par rapport au sentiment d'avoir abandonné

Marius, ont construit une chape de plomb qui a scellé les relations dysfonctionnelles entre tous. Notre famille n'existait plus, nous étions des abimés du désamour.

D'une visite à l'autre, Nicole constatait une perte de poids me concernant. Il était évident qu'elle ne pouvait pas s'empêcher de me le faire remarquer d'une manière relativement surjouée, comme toujours, comme pour appuyer là où ça fait mal. Il est vrai qu'avec nos petits moyens, les boites de raviolis et de cassoulet premier prix étaient devenues nos repas de prédilection et, à force de remarques, je pense que cela a eu l'effet d'un détonateur en moi. Au delà de la satisfaction inconsciente d'être dans "le contrôle", je pouvais donc mener une action qui allait faire réagir ma mère… L'idée de maîtriser quelque chose sur lequel elle était impuissante a dû sans doute, me contenter. Elle me regardait, me remarquait, semblait s'inquiéter pour moi… Alors, j'ai continué à perdre du poids. À chaque visite, elle validait ce constat et paraissait être tracassée. J'attirais son attention, se préoccupait-elle de moi ? Était-elle réellement inquiète pour moi ? Avait-elle peur de perdre son emprise sur moi ? Où était-elle jalouse, elle, la référente du régime… Je ne le saurais jamais, mais je me souviens avoir eu ce sentiment d'une victoire, d'une victoire sur un choix, une action qu'elle ne pouvait pas maîtriser. Alors, j'ai continué à maigrir, sans avoir conscience que ce semblant de contrôle allait devenir vite envahissant, voire très vite envahissant, et malgré mon impression de ne jamais perdre complètement le contrôle en continuant de m'alimenter, le calcul permanent des calories a terni de nombreux instants plaisants offerts par la VIE.

Mon cerveau avait intégré de manière cellulaire un mantra telle une formule sacrée au plus profond de mon Être: ne jamais lâcher, anticiper, élaborer des stratégies, tout ce que tu prends, tu devras le rendre tôt ou tard.

Force est de constater qu'insidieusement la perte de contrôle a su s'infiltrer, se nicher au plus profond de moi sans que je m'en aperçoive, maîtriser est devenu le leitmotiv de ma vie. Avec du recul, je comprends aujourd'hui que cette stratégie était un rempart, un mécanisme de survie essentiel à mon équilibre. Sans cette ténacité, cette exigence, sans les limites que je m'imposais, j'aurais perdu pied. Manifestement, il me faudra plusieurs décennies pour réaliser les dégâts engendrés sur ma santé psychologique, mais au final, je suis toujours en vie.

***

Toute ma vie, je me suis sentie seule, je veux dire vraiment seule avec le sentiment douloureux de ne pouvoir compter que sur moi-même, au risque d'être déçue. Mon cerveau a placé des murs aux fondations si solides dans mon esprit, que même en situation de détresse, je ne demandais de l'aide à personne, oui à personne.

À quoi bon parler ? Pourquoi expliquer ? Vers qui me tourner ? Et surtout que dire ? Je n'étais pas faiblesse alors, je me suis convaincue que j'en faisais sans doute trop et qu'il y avait plus grave ailleurs. Je pense avoir pris la décision inconsciente de fermer les yeux et de supporter, et puis finalement, il y avait une chose sur laquelle je pouvais compter… Telle une amie fidèle, Elle était là, et je pouvais toujours compter sur Elle, à tout moment, où que je sois, peu importe l'heure, elle était là ma vieille amie, toujours prête à me culpabiliser. Cette compagne dévouée et invisible, silencieuse, dissimulée dans l'obscurité, mais toujours présente à nos côtés. Combien de fois, j'ai tenté de lui résister, combien de larmes ai-je versées pour la détester, mais Elle, ne m'a jamais abandonnée, ma vieille amie irrationnelle, l' Anxiété… J'ai dû me contenir, me cacher, sourire, chanter et danser pour charmer et me sentir un peu aimée, et j'ai réussi… Je suis devenue l'oreille attentive, l'amie idéale, le pilier sur lequel on aime s'appuyer pour ne pas tomber. Au travail, je m'efforçais d'être parfaite, vaillante, pleine de ténacité, organisée, motivée, enthousiaste et ponctuelle au point qu'un collègue s'est amusé en me taquinant parce que j'étais certainement la seule personne au monde à téléphoner pour prévenir que j'arriverai à l'heure, puisque, je parvenais à être à l'heure même si je pensais que j'allais être en retard.

À la maison, rien ne traînait, tout était en ordre! Quant à moi, hors de question de me laisser aller à porter une tenue, qui selon mes représentations, aurait pu traduire un semblant de relâchement, le négligé m'était interdit ! Je m'étais fait la promesse que je soignerais toujours ma présentation afin que mes enfants ne ressentent pas le sentiment de gène que l'on peut ressentir dans certaines situations. Une telle image s'entretient, au point qu'on finit par croire qu'on est un roc, solide, pleine de forces… et que par la force des choses, on ne peut pas s'effondrer, non jamais. Laisser transparaître une lueur de fragilité serait le signe d'une fêlure. Le signe d'un instant de vulnérabilité mettant en avant la possibilité de s'écrouler au risque de tout perdre… et de me retrouver seule… Une fois sur ce sentier périlleux, le retour en arrière est difficile, alors on finit par se bercer d'illusion de notre invincibilité, inconscient de la descente tortueuse qui nous attend, longue et douloureuse.

15
Oublier

S'oublier pour ne plus souffrir. À un moment le pilotage automatique s'enclenche et les années défilent. Embarquée par la vie quotidienne et son lot d'imprévus, la gestion du lien parentale n'est rien d'autre que normalité. À cette époque, je considérais mes parents comme des originaux. Je savais que je ne pouvais pas compter sur eux pour demander de l'aide, un service ou me prêter quoi que ce soit. J'en ai fait à plusieurs reprises la douloureuse expérience, mais au moins, je ne leur dois rien à part ma naissance, pour le reste, je me débrouille. À différentes reprises, j'ai ressenti une certaine gêne à les présenter car je pensais que ma mère en faisait toujours trop. De grandes leçons de morale, des préceptes par rapport à la vie ou aux choix à faire, je sentais bien qu'ils passaient pour des personnes atypiques, surtout Nicole. Lorsque à dix-sept ans, j'ai demandé à me rendre en soirée, Nicole a établi qu'elle devait rencontrer mes amis avant. Bien évidemment, ils ont joué le jeu afin que je puisse les accompagner.
- Je vous confie la prunelle de mes yeux !
 Je vous épargne les détails et autres palabres dont elle raffolait, j'étais tellement gênée ! Tout ce monologue

pour que je sois rentrée à minuit! Bien souvent d'ailleurs, je ne sortais pas. Mon Léo était féru de handball et ses matchs se jouaient le samedi soir. À l'évidence, je ne pouvais donc pas souvent me joindre aux supporters, vu que la plupart des matchs ne se disputaient pas à domicile. Ainsi, il ne pouvait venir me chercher qu'en suivant, seul problème l'heure déjà tardive.

Malgré l'approche de la majorité, je ne pouvais pas faire tout ce que j'aurais aimé. Je vivais chez eux, donc je me devais de respecter les règles de la maison. Je devais de ce fait, être de retour pour minuit, c'était non négociable, alors je m'étais résignée à ne pas sortir et à rester chez moi. À ce moment-là, j'ai commencé à compter les jours, à patienter jusqu'à ma majorité, je n'en pouvais plus. Pour moi, rien n'avait de sens. Mes parents se disaient ouvert au dialogue, mais en vérité, il n'en était absolument rien. J'étais pourtant, selon moi, une adolescente raisonnable, certes avec quelques petits coups de sang, mais quoi de plus normal à cet âge. Aujourd'hui, si j'étais amené à nouveau à recevoir le genre de réflexions que je déteste sur ce sujet, je saurais comment répondre! Mais ça, c'est tout nouveau, et c'est grâce à Valérie. Valérie est la psychologue qui m'accompagne dans mon parcours vers un mieux-être, elle est mon soutien, mon oreille attentive, elle m'a délivrée, me permettant de me libérer de moi-même, oui, littéralement.

J'ai été happée par leur fonctionnement sur certains fondamentaux. Je me souviens encore, alors entourée par ma belle-famille, du sentiment étrange que j'ai ressenti la première fois que certaines blagues m'ont heurtée. J'étais partagée entre l'envie de rire et ma loyauté envers mes parents en rapport avec certaines de leurs convictions qu'ils ont souhaité me transmettre et m'imposer en partie. J'avais l'impression d'être en permanence observée et jugée. Tiraillée, j'étais souvent envahie par l'idée que je me devais d'être quasiment irréprochable sous peine d'être débordée par la culpabilité. Ce sentiment m'accompagne encore trop fréquemment, mais nous y travaillons ardemment avec Valérie.

Avec le temps, j'ai compris que l'idée que des parents pouvant être en conflit avec leurs enfants me rendait triste. Par leur posture victimaire, Jacques et Nicole me faisaient peine. Alors durant des dizaines d'années, j'ai tenté de compenser l'absence de Louis et de Mathilde. Bien sûr, j'avais également mes propres difficultés avec mes parents, mais je n'avais pas rompu le lien à ce moment-là, à la différence de mes aînés. Nombreuses ont été les fois où j'avais le sentiment d'être invisible. Lorsque je leur rendais visite, Nicole n'avait de cesse de conter sa souffrance de mère que le fils chéri avait délaissée. La rancœur de Jacques à l'égard de mon grand frère était toujours plus forte, alors Nicole pour ne pas générer de tension, attendait que ce dernier aille faire un tour dans le jardin pour narrer son manque affectif. Moi, j'étais là, m'astreignant à essayer d'être la fille parfaite dans une écoute attentive, dans une présence, tel un devoir d'héritage cultivé dans les normes de mes parents, mais je n'existais pas! Les conversations déviaient systématiquement sur mes aînés, et mes péripéties quotidiennes que je tentais de conter avec humour, ne suffisaient pas à rentrer en communication, à tisser le lien. J'avais beau me plier en quatre, avoir des gestes d'attention à leur égard en leur portant des pâtisseries, du matériel pour des activités créatives et occupationnelles, le merci immédiat clôturait une potentielle ouverture de lien, celui que j'espérais. Je suis la numéro trois, ni la première, ni la dernière, et pour bien faire les choses, la fratrie débute et se termine par un garçon. Nicole me répétait volontiers qu'elle avait un faible pour les garçons une préférence prononcée, plus d'attaches, elle aimait clairement les garçons plus que les filles, tout était dit!

Je me suis pourtant intéressé aux talents manuels de mes parents. Nicole a de l'or dans les mains. Elle excelle en couture, tricot, peinture, c'est une artiste. Je ne peux nier que c'est en partie à ses côtés que j'ai appris à développer ma fibre créatrice. Jacques, quant à lui, est un travailleur manuel hors norme. Il a plusieurs fois bâti et restauré maisons, motos anciennes, voitures, il est doué, un peu brut parfois dans son art, mais il est doué. Cet héritage mélangé d'habileté et artistique est sans aucun doute ce que mes parents m'ont offert de plus beau. Les années passées à leur côté m'ont permis d'apprendre à ne pas douter de ce potentiel. Alors, c'est le fil que j'ai tiré à plusieurs reprises pour les captiver, les rendre fiers, mais cet aspect aussi a eu ses limites.

***

Finalement, c'est mon talent d'écoute active et d'empathie naturelle qui l'a emporté. Des heures durant, j'ai écouté, consolé, rassuré à mon détriment les maux de Nicole. J'ai essuyé de nombreuses et douloureuses réflexions, des reproches aussi. Jamais assez là, jamais assez impliquée… Jacques et Nicole se sont isolés tous seuls. Ils se sont coupés d'une part de leurs enfants par leur attitude dysfonctionnelle, mais ils se sont isolés de leur famille respective également. Jacques était catégorisé comme colérique, à juste titre, du point de vue de la fratrie de Nicole, et cette dernière était malaimée de celle de Jacques. Des histoires à ne plus en finir les ont conduits à former un duo solitaire. De certains de ces conflits, il est arrivé que Jacques se laisse emporter par une colère noire, très certainement douloureuse aussi.
Un jour, alors que par chance, je leur rendais visite seule, Jacques semblait perdu dans ses pensées, comme

en témoignait l'expression de son visage et cette vision m'a mise en peine. Les yeux rougis et embués, le visage pincé, il ruminait. Assis à la table dans la cuisine, à sa place habituelle, il me faisait face. Nicole allait et venait, ne tenant pas en place. La rage au ventre, Jacques médisait à l'encontre de sa sœur aînée concernant une histoire de patrimoine. Il avait tellement de fureur en lui… D'un ton sec, il pesta que s'il s'écoutait "il pourrait la tuer". Le laissant déverser sa frénésie, je me sentais mal convaincue de son potentiel à agir. Lorsque enfin Nicole s'est éloignée, il a fini par se calmer un peu. Le calme avant la tempête, ce calme envahissant qui laisse place à la résignation avant d'admettre sa souffrance, son désir d'en finir par moment avec la vie. Le fusil, sa solution… Un frison m'a parcouru l'échine, l'armoire à fusils juste derrière moi… J'ai eu peur ce jour-là, je le savais capable, mais le silence qui a suivi m'a glacée, je savais à quoi il pensait… jamais il ne partirait seul… Heureusement, malgré le climat de tension palpable, il s'est apaisé et, alors qu'il délaissait peu à peu la chasse, la proposition de mettre en vente ses armes fut avancée. Impossible de certifier leur vente intégrale, cependant, l'armoire avait déserté le salon, ce qui me rassurait un peu…

Bien des mystères dans cette maison demeurent étouffés dans le silence, à l'image d'écrits personnels rédigés par mes parents ou d'autres documents

dissimulés adroitement entre poutre et charpente et dont j'ai reçu, bien malgré moi, en héritage la clé de l'endroit tenu secret, afin de savoir où chercher après leur ultime voyage... Encore une manière bien à eux d'exister, de rester présents dans mon esprit, me plongeant dans un océan de théories plus folles les unes que les autres, concernant des récits emplis de vérités cachées ou de secrets de famille inavouables.
De toute évidence, ils s'assuraient ainsi de maintenir un lien invisible, mais au combien malsain.

***

Les années passant, j'ai tenté de maintenir le lien, j'avais beau les connaître, j'avais de la peine pour eux. Nicole m'impliquait toujours dans sa souffrance et son manque affectif. Elle projetait à travers moi, l'absence de son fils aîné. Elle répétait souvent :
– Imagine si Maxime ou Noé ne te parlaient plus !
Il était évident que ses mots touchaient la mère en moi, mais il était tout aussi clair que mes fils et moi ne connaitrons jamais le vide affectif qui caractérisait le lien rompu entre Louis et Nicole. Ma mère a toujours su où appuyer pour me faire mal, je devais être tellement prévisible quand j'y repense. Je suis comme ça, une émotionnelle, une hypersensible, une empathe, tout me touche, m'émeut. J'ai plus souvent mal pour l'autre que pour moi-même. Tout peut me submerger,

je peux être à fleur de peau, à fleur de mots, je ressens fois mille. C'était si facile pour elle de jouer sur la corde sensible, j'étais le sujet idéal, j'en avais conscience et cela m'était insupportable, pourtant j'ai fait le choix d'endurer. L'idée que trois de leurs quatre enfants les délaissent me paraissait inconcevable, et alors que le fardeau des années se faisait de plus en plus lourd, le scénario de voir mes parents vieillir dans la solitude me troublait profondément. Face à l'inévitable, comment pourrais-je prendre une telle responsabilité ? La perspective, voire le fardeau d'être l'enfant désigné, était inconcevable, c'était au-dessus de mes forces. Profitant de l'échéance encore lointaine, je décidai de repousser ces appréhensions hautement anxiogènes et de me préserver encore un peu, j'ai donc chassé cette pensée pour continuer d'avancer.

16
La descente

Je n'ai pas eu d'autre choix.
Déposer mes pensées par écrit, s'est imposé à moi, car ces derniers temps, je n'arrive plus à gérer seule. C'est dur. J'ai mal, tellement mal. Je pleure pour un rien, quelque chose s'est brisé en moi, je suis à vif, je le sens, je le vis. Je suis une écorchée, une abîmée, une cabossée de la vie. Tout me déborde, je suis au ralenti et en même temps, l'orage gronde au fond de moi. Je sens que je peux perdre pied à tout moment, plus vite et plus violemment que la normale. Je me suis perdue, qui suis-je ? Alors, il faut que je dorme, que je dorme pour oublier... Peut-être que dans les bras de Morphée, je trouverai un peu de réconfort, un peu de force pour continuer d'avancer, pour me réparer... Mon cœur s'emballe, je suis à fleur de peau, à fleur de maux, j'ai un poids dans l'estomac, une sorte de boule d'émotion, elle m'oppresse, j'ai du mal à trouver mon souffle, ça fait mal. C'est au tour de ma gorge, c'est sûrement cette satanée boule d'émotions qui veut sortir. Je suffoque, elle est là cachée à l'intérieur, la reine du mélodrame, elle veut sortir la mélancolie, elle veut rugir. La maison plongée dans le silence, les garçons absents, je craque, éclatant en sanglots et

hurlant ma douleur, espérant ainsi ressentir une étincelle de vie. Je peux ressentir très fort mon désespoir, vite dormir, il faut que je dorme, je dois tout éteindre en moi, je me fais peur... Dormir, garder juste le silence, le vide, le calme, le noir...Depuis mars ou avril, je ne saurais dire avec certitude, pour la première fois, je ne me suffit plus à moi-même. Mon étayage personnel n'est plus suffisant. Nous sommes en 2021, j'ai 42 ans et je suis en train de sombrer.

***

Janvier 2018

J'intègre l'unité dans laquelle je souhaitais tant travailler. Une unité renommée et difficile d'accès et... j'ai été recrutée! On pourrait même dire choisie au vu de la complexité des entretiens d'embauche! Pourtant, le premier entretien ne s'est pas déroulé comme je l'aurai aimé. Beaucoup de questions, assez intrusives, je dois dire. Entretien long, très long, trop long à mon goût, me laissant tout loisir de me flageller intérieurement, comme je sais si bien le faire. Je me souviens m'être sentie tellement mal en regagnant ma voiture, que j'ai versé une larme ou deux de rage. Je me sentais totalement nulle sur l'instant, j'avais le sentiment d'avoir été inefficace et je pestais contre mon imperfection!
- Vous arrive-t-il de vous mettre en colère ?

- Ah bon ? Vous ne vous mettez jamais en colère?
- Ah si ? Et cela vous arrive au travail aussi ?

Peut-être n'avais-je plus l'habitude de passer un entretien d'embauche, cela faisait si longtemps, je pensais m'être ramassé ! Souvenez-vous, en 1997, j'ai entrepris des études pour devenir préparatrice en pharmacie sur les recommandations intransigeantes de ma mère. Trente ans plus tard, en 2017 j'obtenais mon diplôme d'infirmière d'État ! Quelle fierté, quel chemin parcouru ! Moi qui aux yeux de ma mère ne semblait pas faite pour des études, voilà que ma revanche était prise ! À trente-huit ans, ma reconversion professionnelle en poche, j'avais des étoiles dans les yeux. Mais, encore une fois, il me manquait quelque chose, je ne me sentais pas comblée, il me fallait un nouveau défi. Après avoir obtenu tous les titres de formations possibles en pharmacie, passé un diplôme en soins esthétiques pour enrichir mes compétences dermocosmétiques, avoir été conseillère en développement pour un vaste groupement pharmaceutique, j'obtenais ma licence, j'étais donc capable et dotée d'une ténacité hors normes, mais je n'étais jamais satisfaite. Je me sentais incomplète et je cherchais constamment à combler un vide intérieur.

**

À peine mon diplôme d'infirmière en poche, que je postulais spontanément dans un service pour adolescents et jeunes adultes en profond mal-être. Ce choix vous étonne ? Aujourd'hui, il apparaît pour moi comme une évidence et que tout, absolument tout, m'y a conduite. Pourtant, lorsque j'ai passé le concours, ma motivation principale était l'installation en libérale, mais les trois années d'études laissent largement le temps à l'analyse de pratique et donc à l'évolution réflexive. La formation en soins infirmiers est difficile, elle prend aux tripes, elle remue en profondeur et permet de mieux se connaître, d'identifier ses forces et ses faiblesses. Elle m'a permis de progresser, de faire des liens, de me modeler pour devenir la soignante au grand cœur que je voulais être. J'ai appris à exprimer mes valeurs et mon humilité.

Un jour de deuxième année, alors que nous étions dans l'amphithéâtre, deux infirmières chevronnées nous ont offert l'expertise de leurs connaissances, de leur savoir-faire et de leur savoir-être. Leur spécialité était la santé mentale, toutes deux étaient en poste dans une unité médico-psychologique pour adolescents. Ce fut LA révélation pour moi! C'est dans cette unité que je voulais travailler, je sentais que ma place était là-bas dans ce service, et je ferai tout pour y être embauchée. C'est ainsi que confiante, au mois de juin 2017, j'ai candidaté spontanément avant même les résultats finaux des partiels. Le cadre de santé responsable de l'unité a pris soin de me répondre rapidement, il m'expliquait que dans l'immédiat, il n'y avait pas de poste, mais qu'il allait garder précieusement mon curriculum et n'hésiterait pas à me contacter très bientôt, car un départ à la retraite s'annonçait prochainement. J'étais aux anges ! Dans cette attente, je me suis orientée vers la cardiologie, la spécialité du cœur... Et notamment celle de la greffe de cœur...

***

Octobre 2017

Je travaillais alors dans une clinique spécialisée en soins de suite et de réadaptation cardiologique et je m'y sentais bien. La direction venait de me proposer un CDI et, je n'avais pas de nouvelles du centre pour adolescents. Que faire ? C'est une belle occasion et le travail me plaît beaucoup. Seulement, si j'accepte, je renonce alors au poste qui me tient tant à cœur!! Joli lapsus ! Après tout, lorsque cela arrivera, parce que cela va arriver, j'aurai le temps de revoir la situation, et de démissionner si je suis embauchée puisque la possibilité de ne pas être recrutée existe aussi... Non impossible, quel dilemme (*petit exemple des nœuds de mon cerveau*).
Comme rien n'arrive par hasard et que le plan est parfait, au lendemain de la proposition du CDI, je reçois un mail provenant du cadre de santé de l'unité

pour adolescents qui en réponse à ma candidature du mois de juin, me proposait un rendez-vous ! Quelle synchronicité, je n'en revenais pas. Par soucis d'honnêteté, j'ai expliqué mon dilemme à la cadre du service de cardiologie, qui s'est montrée très compréhensive et qui a accepté de me donner un délai en prolongeant mon contrat à durée déterminée, alors pas d'affolement Amanda, tu n'as rien à perdre, mais tout à gagner !

Après l'entretien, les jours ont défilé et j'avais déjà accepté l'idée d'une réponse négative ; à tel point que je me demandais même si j'accepterais si on me proposait le poste. Comment aurais-je pu exercer mon métier d'infirmière de manière sereine auprès d'un cadre de santé devant lequel j'avais eu la sensation d'être ridicule? Mais, la vie est pleine de cadeaux parfois très mal emballés. Surprise ! Un appel, un message, une réponse, j'allais être fixée...

- Bonjour Madame Rose, Monsieur John cadre de Santé , j'ai le plaisir de vous annoncer que votre candidature a été retenue *(et là...)* pour un deuxième entretien *(oh non...)* avec le Docteur Réau et moi-même *(oh non, malheur!!)*.

Un deuxième entretien ! Le premier m'avait tellement remué et de surcroît, j'allais devoir affronter le Docteur Réau Damien, psychiatre spécialiste de l'adolescence en difficulté. Impossible ! Mais pouvais-je passer à côté de cette opportunité ? Après avoir échangé avec

mon mari, j'ai décidé de refuser l'offre, d'autant plus que le poste de nuit proposé ne s'accorde pas avec réellement avec une vie de famille. Étant une personne réfléchie, jusqu'à preuve du contraire, je ne pouvais pas me précipiter. Après réflexion, je décide donc de décliner l'offre, mais c'était sans compter sur l'insistance de monsieur John :
- Madame Rose, venez à l'entretien, nous avons des choses à vous proposer.
Je finis par accepter le rendez-vous. Mercredi 14 h.
Évidemment, j'avais besoin d'être briefée, c'était le moment d'appeler ma "coach" personnelle "ma psycho Justine" ma belle-sœur adorée, et puis tous ces signes... Il ne pouvait donc pas en être autrement, je devais m'y rendre, c'est ainsi. Cette fois-ci, je ne me prépare pas et décide de la jouer la spontanéité, la plus authentique possible *(du moins le moi que je pensais être réellement)*, et cela s'est avéré bénéfique. L'entretien s'est révélé difficile, mais je suis restée solide et honnête. Bilan des courses, le poste était pour moi, un poste de jour de surcroît, démarrage dans l'unité le 4 janvier 2018. J'étais sur un petit nuage, j'avais réussi, quelle fierté ! Mon diplôme d'infirmière suite à une reconversion professionnelle en poche et six mois plus tard, j'allais travailler dans le service inespéré ! Wahou, la vie est belle.

***

jeudi 4 janvier 2018

Nous y sommes, c'est le jour de ma prise de poste dans l'unité. Lorsque j'arrive, il est 12 h 45 et Alma est là, elle m'attend. Alma est une étudiante avec laquelle j'ai partagé les trois années d'études à l'institut de formation en soins infirmiers, nous étions dans la même promotion et avons partagé beaucoup de lieux de stage. On s'apprécie, mais je n'ai pas idée à ce moment-là qu'elle allait devenir bien plus pour moi. Une Âme sœur, une Âme cœur.

Un bel accueil m'est réservé, l'équipe a l'air sympa. En même temps, dans ma petite tête parfois naïve, comment une équipe composée d'infirmiers; d'aides soignantes; de médecins psychiatres; de psychologues et d'assistantes sociales pourrait-elle être autrement que bienveillante ? J'ai le sentiment que je vais y être bien. Les semaines passent et je progresse, je dois dire que je me mets une pression de folie, comme toujours. Mon niveau d'exigence à mon égard est assez, voire très élevé. Après une période de quinze jours de tutorat, me voilà prête, en théorie, à gérer le groupe de patients, qui sont, rappelons-le, des adolescents en grande souffrance psychique.

Rapidement confrontée à la réalité hospitalière, le quota de soignants minimum de sécurité journalier est malheureusement souvent d'actualité. C'est parfois chaud, surtout qu'à cette période, l'unité est en plein changement, certaines infirmières en poste depuis vingt-six ans étant sur le départ pour la retraite! Je reconnais que pour moi, c'était plutôt positif, car le moment des transmissions était une épreuve redoutée. Leur savoir était comme paroles d'évangile, cela me laissait peu de marge de manœuvre, je voulais être au top! Je me sentais observée, jugée sur mes compétences, en cours d'acquisition certes, mais justement, notion un peu oubliée me semble-t-il, pour certaines qui semblaient avoir oublié ce détail. J'ai commencé à douter et à perdre doucement confiance en moi, sentant bien que cela pourrait devenir problématique, c'est donc à ce moment-là que j'ai contacté Valérie, la psychologue qui allait m'accompagner dans le tumulte que je m'apprêtais à vivre. Il était hors de question que je puisse passer à côté d'un ado en souffrance, il était de mon devoir d'aller mieux, et puis c'était sûrement juste un petit coup de mou !

Les jours passaient avec la même lourdeur quotidienne, j'ai continué à me blinder mentalement, à dissocier encore et encore mon mental et mes émotions, j'ai supporté sans avoir conscience que je vivais en pilote automatique et que mes réserves énergétiques étaient déjà bien consommées, mais il me fallait avancer. Tous les jours de 9 h à 10 h, il y avait le staff ! Imaginez une grande table autour de laquelle, était installé l'ensemble de l'équipe médico-psychologique, soit quatre psychiatres, plus ou moins quatre psychologues, parfois le cadre de santé, deux assistantes sociales, un collègue infirmier et le chef de service ! L'objectif de ce rendez-vous quotidien étant la continuité des soins, chacun des membres de l'équipe pluridisciplinaire peut exprimer son observation, son expertise sur la situation des jeunes patients hospitalisés. C'est un moment institutionnel riche, mais également anxiogène pour l'équipe infirmière qui présente chaque patient, et porte dans sa globalité l'élan de la réunion. Aujourd'hui, le staff a été repensé, car lourd à porter pour l'équipe soignante, mais la première année de ma prise de poste, c'était compliqué! Plusieurs paires d'yeux rivés vers le ou les deux infirmiers porteurs de leur observation, vous imaginez?

Puis, les mois ont passé, mon expérience s'est renforcée, l'équipe s'est modulée avec le changement de notre Cadre de Santé et l'arrivée de nouveaux collaborateurs dans l'équipe soignante. Je me sentais à ma place dans l'unité, la confiance était revenue, je me sentais mieux. J'avais le sentiment d'être en équilibre mais, je n'avais pas prévu que bientôt le calme apparent allait me mener tout droit faire un séjour en enfer. Le charme serait bientôt être rompu et le bonheur détruit.

***
22 Juin 2019

Nous fêtions ensemble le douzième anniversaire de Noé, mon fils cadet. Confortablement installés sur la terrasse, les discussions allaient bon train tandis que je m'activais avec les petits fours. Stéphane mon beau-père et Léo, étaient occupés au barbecue, pendant que chacun des autres convives entretenait la conversation. Noé virevoltait au milieu de ses oncles et tantes, sourire au visage, le soleil était au rendez-vous, c'était une belle journée. Étaient présents mes beaux-parents, parents, Mathilde ma sœur aînée fraîchement divorcée, Mike le benjamin de Léo et sa compagne Ika, Maxime mon fils aîné. Les autres membres de la famille, trop éloignés géographiquement ou empêchés physiquement d'être là, ne ratent jamais une chance de partager leur bonheur et leur affection via la visioconférence. Seul Marius, mon benjamin, était comme toujours, aux abonnés absents.

À un moment, je me suis assise pour profiter un peu. À ma gauche Marie, ma belle-mère, à ma droite Mathilde, face à moi Nicole et Jacques. Au bout de quelques minutes, j'ai commencé à ressentir l'insistance du regard de Nicole. J'ai su instantanément qu'elle allait faire une remarque inadaptée. Déjà, l'année passée, nous étions passés tout près de la catastrophe. Je n'éprouvais pas plaisir à les recevoir en présence de ma belle famille, mais la culpabilité était trop grande et mon mental me pourrissait de reproches durant des jours avec des " quand même, tu exagères, ils sont tes parents, ils sont seuls, c'est ton devoir, et si tes enfants te faisaient la même chose…" vous voyez ? Alors, j'avais le sentiment de ne pas avoir le choix…

En résumé, lors de ces occasions, je ne pouvais pas être sereine, c'était franchement un calvaire, toujours à l'affût d'un mot plus haut que l'autre, d'une conversation qui dégénère avec un verre de vin en trop. Jacques avait du mal à contenir son verbe après quelques verres et certains sujets de discussion devenaient sensibles, alors dans ces moments-là, je me voyais contrainte de jouer le clown pour détourner l'attention. comme mes parents étaient isolés, j'ai tenté de préserver un lien en les invitant aux anniversaires, à Noël, et à toutes les fêtes importantes, espérant qu'ils y trouveraient un peu de joie, mais sans succès, et moi… je me suis épuisée.

Elle a continué à me fixer de ses yeux noirs, lorsque tout à coup, elle a lâché d'un ton sévère :
– Je peux te poser une question?
Moi – Évidemment ! (*bazar, je suis cuite*)
Elle – Comment tu vas faire lorsque tu seras vieille avec tous ces tatouages ?

Moi – Bah, je serai vieille et tatouée! (*rire nerveux, mais rire quand même*)

Elle –Tu abîmes ton corps, c'est contre-nature, c'est interdit par la bible…

Moi – … (dans ma tête : *à quoi elle joue? Je sais qu'elle n'aime pas les tatouages, on en a déjà discuté, après mon premier, il y a 20 ans…*)

Marie, ma belle-mère - Moi aussi, j'aimerais faire un tatouage (*trop mignon, elle vient mon secours*)

Moi – *rires nerveux, pleurs intérieurs…*

En moi, je pensais *(ça va dégénérer, je le sens, garde le sourire Amanda, garde le sourire).*

Elle a continué à dérouler ses représentations et croyances limitantes concernant les corps marqués et la religion, je l'ai trouvé gonflée d'aller sur ce terrain, d'autant plus déplacé que ses quatres enfants portent des tatouages plutôt imposants et que Léo, son gendre, possède une magnifique jambe et un bras somptueux d'inspiration japonaise tout comme son frère et leur sœur Mia, qui est une œuvre d'art florale à elle seule. Après avoir tenté un petit laïus sur le fait que le tatouage remonte à la préhistoire et que selon les cultures il s'agit d'un art sacré, j'ai senti le vent tourner lorsque Jacques s'en est mêlé. Entre rires mesquins et pics acides pointant ma susceptibilité, devant mes enfants, je le rappelle, j'ai commencé à avoir des sueurs froides. Je me sentais littéralement diminuer, disparaître… j'avais l'impression de régresser. C'est le moment qu'a choisi Nicole pour contre-attaquer. Elle m'a balancé:

– Je ne connais plus rien de toi! Je ne sais plus qui tu es!

Elle m'a séchée un instant. Puis, elle a continué:

– Ta sœur me dit tout ! Elle me raconte, me parle de sa vie, de ses amis, elle!

Encore séchée… Intérieurement, j'ai pensé, pas aujourd'hui! C'est l'anniversaire de Noé. Alors, j'ai répondu d'un ton solennel:

– C'est normal, mes amis ont changé, j'ai vieilli, mais si cela te fait plaisir, je t'en parlerai un peu plus tard.

Dans ma tête *"tu rêves ma grande!!! Il est révolu le temps où tu vivais par procuration en lisant mon courrier, en espionnant mes conversations téléphoniques! Forcément que tu ne sais plus rien, tu n'as plus accès à mon intimité"*.

Comme je gardais le sourire et une certaine distance à son attaque, elle m'a achevée:

– Je ne te reconnais plus, j'ai l'impression de voir deux Amanda, il y a la bonne et la mauvaise…

Uppercut dans la face! Nicole 1, Amanda 0! Ça y est, elle a gagné, c'est trop, la phrase de trop, elle a fait sauter le verrou, elle m'a activée! Envahie par la rage, je me suis levée droite comme un i pour mettre un terme à ses attaques, un stop à cette malveillance lui hurlant:

– La discussion s'arrête là! Ce n'est ni le jour, ni le lieu pour régler nos comptes!

Ma voix tremblait, je sentais qu'à tout moment, je pouvais m'étouffer avec mes larmes contenues dans ma gorge, j'avais mal, j'avais envie de l'attraper par la manche et la mettre dehors, mais qu'auraient pensé mes enfants, qui n'étaient pas sans savoir la relation conflictuelle entre leur mère et leurs grands-parents, mais sans en connaître les raisons véritables, tout comme ma belle-famille. Et puis, Nicole aurait été capable de mimer un malaise ou je ne sais quoi d'autre, ce qui bien évidemment m'aurait placée dans une mauvaise posture. Le silence est devenu pesant, j'ai mimé un sourire, ignorant les répliques désobligeantes de mon père et me suis dirigée vers la cuisine pour combler le silence par un plat déposé au centre de la table avant d'aller me réfugier dans les toilettes!

***

J'étais seule et pourtant ma maison était pleine de monde. Assise en position fœtale sur le sol des sanitaires, je tremblais, le souffle court dans une avalanche de larmes bien salées! Soudain, sa voix s'est mise à raisonner dans le couloir:
– Amanda! Amanda! Où es-tu ma chérie? C'est maman! (*sans blague ?!!*)

Cette voix dégueulasse, trop dans les aiguës, cette voix, je la reconnais trop bien, c'est celle qu'elle adoptait pour se victimiser, j'avais l'impression d'être retournée des décennies en arrière, et d'être redevenue une adolescente. Je l'entendais approcher, alors j'ai avalé encore et encore mes sanglots, je ne voulais pas qu'elle m'entende, je ne voulais plus la voir.
– Amanda, où es-tu? Tu ne veux pas me parler? (*dingue cette question*).
Mes mains, l'une sur l'autre, recouvraient ma bouche, ravalant mes sanglots à presque m'en étouffer, je sentais la crise d'angoisse arriver, quel tableau ! Par ma réaction incontrôlable, je me haïssais, pourquoi étais-je envahie à ce point? Il fallait me calmer, respirer, alors j'ai attendu le silence. Au bout d'un moment, j'ai réalisé la scène pathétique qui venait de se produire, il fallait que cela s'arrête, aujourd'hui serait le dernier jour de cette vie! Mais pour le moment, il me fallait tenir encore un peu, pour mes fils, j'avais bien fait ça toute ma vie alors, j'allais tenir. Lentement, j'ai ouvert la porte des toilettes, puis, après un rapide coup d'œil de droite à gauche, j'ai amorcé la sortie. Discrètement, j'ai quitté la maison par l'arrière mimant un tour du jardin, je sais, c'est désolant, mais sur l'instant, je n'ai pas trouvé d'autre solution et j'ai imaginé qu'ainsi, elle penserait que je ne l'avais pas entendu me chercher puisque j'étais dehors, ainsi, je gardais un semblant de fierté. Je restai quelques

instants derrière le coin d'un mur de la maison, et après quelques tapes sur les pommettes et une grande inspiration, je me suis lancée. Le barbecue flambait à l'image de mon cœur embrasé. Mon mari et son père ont fait mine de rien et m'ont accueillie du mieux qu'ils le pouvaient, ils avaient compris. Quelques minutes après que Noé a soufflé ses douze bougies, je me suis levée pour débarrasser, elle m'a suivie pour me rattraper et s'agrippant à mes épaules, l'heure du mea-culpa était arrivée :
– Pardon, pardon ma chérie, tu m'en veux ?? Je t'aime, tu sais. (*Elle est sérieuse ??!*)
Je voulais qu'elle me lâche, son odeur désagréable m'était insupportable, cette odeur de larmes, ses larmes, me rattachait à des scènes traumatiques trop vécues, j'éprouvais littéralement du dégoût. Je voulais qu'elle parte, qu'ils partent et ne plus jamais les revoir. À cet instant, je voulais qu'ils n'existent plus, j'aurai aimé qu'ils ne soient plus...
Mon père, lui, glissera avec un sourire narquois:
– Qu'est-ce que tu es susceptible Amanda et si hargneuse, regarde-toi! puis il a ricané, le souvenir de son visage est resté figé dans ma mémoire, c'était trop pour moi, ils ne changeront jamais, et il m'a fallu quarante ans pour l'intégrer dans ma psyché. Léo est venu à mon secours, il a compris à mon regard que quelque chose s'était cassé en moi, il a donc raccompagné ces deux-là, à leur voiture, pour la

première fois, sans moi. En cette belle journée du mois de juin 2019, ils m'ont brisée.

***

Les deux ou trois jours suivants, je n'étais que l'ombre de moi-même, mais j'ai repris le dessus rapidement, enfin mes défenses se sont remises en place et j'ai continué à avancer, pensant que maintenant que j'étais décidée à couper les ponts, j'allais aller de l'avant. L'été est passé, emportant avec lui les belles journées chatoyantes et leur énergie solaire. J'étais de plus en plus souvent absente, dans mes pensées. J'avais du mal à me concentrer et devais faire répéter à bout de champ les paroles des uns et des autres, j'avais du mal à fixer ma pensée. J'ai préféré consulter un ORL imaginant un problème auditif, mais il n'en était rien. Mon binôme infirmier aimait me charrier sur les effets de mon "grand âge" sans manquer de faire du lien sur une autre réalité, et oui, déformation professionnelle oblige, mon binôme était très perspicace et avait bien noté un changement dans mon attitude… Et puis, je me suis décidée, j'ai contacté Valérie, mon message disait : " je suis prête à ouvrir la porte…"

***

J'ai maintenu le cap, entre vie de famille, travail, thérapie et mécanismes de défense. J'ai continué à me battre contre moi, à refuser d'aller trop loin dans mon travail introspectif, n'ayant de cesse de justifier ou normaliser mon vécu. J'avais l'illusion de gérer, je parvenais à maintenir mes démons à distance et j'étais très impliquée avec les adolescents de mon service. Il y a eu des jours de joie, mais des jours sombres aussi, des séances douloureuses avec Valérie que j'ai balayé au plus vite en puisant encore et encore dans mes réserves déjà bien amoindries. L'adolescence de mes fils a réveillé aussi des failles adolescentes chez moi, les projections sur mon histoire étaient extrêmement douloureuses, mais sont restées secrètes, enfouies en moi, comme si j'étais un puits sans fond, capable d'accumuler toujours plus de souffrance. J'ai tenu comme cela, encore plusieurs mois et Valérie m'a accompagnée dans ma descente, seule option chez moi afin que je puisse taper du pied en atteignant le fond et rebondir vers la vie.

Puis janvier 2020, La COVID a fait sa grande entrée et a dévasté, déstabilisé l'ensemble du monde médical, sans oublier les dégâts au sein de beaucoup de domaines d'activités, emportant des Âmes sur le chemin. Le climat de tension a augmenté dans le service, avec des adolescents en profonde souffrance et dont les périodes répétées de confinement n'ont fait qu'amplifier un mal-être déjà en présence, mais qui a également fait éclater la violence dans certains foyers. Nous avons dû accueillir ces jeunes, dont les histoires étaient toutes plus sordides les unes que les autres, comme si l'horreur n'avait pas de limites. L'écho chez certains soignants a été probablement plus douloureux pour certains que pour d'autres. Petit à petit le service s'est retrouvé démuni tantôt de soignants, tantôt de médecins, il a fallu faire face comme bon nombre d'autres services. Nous mesurions, malgré tout, la chance que nous avions, n'accueillant pas une population à risque face à cette pandémie. Cette usure du quotidien ne m'a sans doute pas aidée, moi qui sans le savoir avait entamé ma descente en enfer depuis ce mois de juin 2019.

17
L'enfer

Un lundi du mois de janvier 2021, le vingt-cinq exactement, après ma série de quatre jours au travail, je me suis enfin décidée à prendre rendez-vous chez mon médecin généraliste via un service de prise de rendez-vous en ligne. Depuis plusieurs semaines déjà, mon corps tentait de m'alerter par de puissantes douleurs au sacrum et au dos. Le week-end avait été difficile avec une prise en charge éreintante des patients, un manque de soignant et la fatigue accumulée. À bout, je m'étais réfugiée dans les toilettes afin de craquer un bon coup, présageant un soulagement, mais c'était sans compter sur un flot de larmes sans fin associé à la pensée : " qu'est-ce que je fais ici ! ". J'avais tellement mal au dos, je ne pouvais même pas m'asseoir, mon sacrum me faisant beaucoup souffrir. En sortant du travail, je me suis donc rendue chez le médecin, avec déjà à l'esprit que je ne pouvais pas être en arrêt, puisque cela serait problématique pour l'organisation du service, déjà cruellement en difficulté. Mais à peine installée dans le cabinet, je suis submergée toute entière par un tsunami interne. Le médecin a juste eu le temps de me demander comment j'allais, que je me suis liquéfiée sur place. Je crois que j'ai été aussi surprise que le professionnel de santé qui me suit depuis plusieurs années et que je consulte la majorité du temps pour mes enfants. Je n'ai eu de cesse de m'excuser et d'exprimer une profonde fatigue. Devant les mots de mes maux, il acta quinze jours d'arrêt de travail. Incapable de dire quoi que ce soit tellement envahie par les larmes, j'ai acquiescé, sentant que quelque chose de bien plus profond était en train de se dérouler, le médecin l'avait pressenti, lui aussi.

***

Quinze jours plus tard, le constat était alarmant. Mon corps me torturait. La douleur n'avait pas cédé, elle m'éprouvait. Je sentais mes forces me quitter. Il m'a fallu plusieurs semaines encore pour comprendre. Malgré les séances chez ma psychologue que j'avais recontactée en septembre 2019 dans l'idée de ne pas perdre de temps, car je savais que j'avais ouvert la boite de Pandore en coupant les liens avec mes parents, je perdais pied peu à peu. Je sentais que je devenais l'ombre de moi-même, j'étais rattrapée par de vieux démons et des cauchemars, mais encore trop barricadée pour leur faire face. Alors, j'ai continué de descendre, petit à petit, je ne voulais pas lâcher, je ne voulais pas plier le genou et le mettre à terre par peur de ne jamais pouvoir me relever. Force est de constater que mes connaissances en psychologie m'ont aidée à avancer, mais également m'ont freinée devant un refus inconscient d'accepter que j'aurais pu être une adolescente prise en charge dans mon service. J'ai eu beaucoup de mal à cesser de me dire que, ce qui m'arrive n'est pas grave, c'est moi, je peux gérer, je sais gérer ! Alors lentement, j'ai sombré et bientôt les angoisses trop fortes m'ont contrainte à ne plus quitter mon domicile. Imaginer l'éventualité que j'aurais pu être confrontée à la présence de mes parents dans un rayon du supermarché me terrorisait, si bien que je me fiais à la connaissance de leur habitude pour me rendre au magasin avec bien entendu le comportement de filature approprié. J'avais peur, j'avais littéralement la trouille au ventre de faire un face à face avec ceux qui m'ont donné la vie, mais qui l'ont brisée aussi.

Un jour de mars, ma thérapeute a engagé la conversation sur la nécessité d'une béquille chimique, ce que le médecin m'avait déjà suggéré. Elle m'a confié son inquiétude vis-à-vis de mon état psychologique. Le travail introspectif n'était pas possible, je luttais, je ne voulais pas lâcher prise. Oh, j'étais présentable malgré ma mauvaise mine, je ne me suis pas laissée sombrer dans une négligence vestimentaire, je continuais à tenir ma maison, à sourire à mes enfants, tout était okay. J'étais en arrêt parce que j'avais mal au dos et que j'étais épuisée par un travail très prenant. Je pleurais uniquement sous la douche, dans ma voiture que bientôt, je n'allais utiliser que pour aller chercher le drive alimentaire ou faire les allées et retours chez ma psychologue et mon médecin. Les angoisses sont arrivées avec leur lot d'empêchements, la peur au ventre aussi. La peur de les croiser, de me trouver face à eux, peur de les affronter. L'une des choses qui me faisait encore un peu de bien, à savoir marcher dans la nature, me fut bientôt impossible, du moins seule. Rien qu'à l'idée de croiser mes parents, je régressais, redevenant une adolescente séchée par leur influence, incapable d'agir comme une adulte, l'adulte que j'étais. J'avais une peur irrationnelle de me faire engueuler, de me prendre une gifle par mon père, de pleurer en leur présence, d'être sous leur emprise malveillante. J'avais un problème, ça, c'était sûr !

Un matin, alors que je m'étais aventurée avec une amie à faire une marche dans notre jolie campagne, je ne parvenais pas à profiter, trop absorbée à scruter les personnes en approche dont la démarche, l'apparence pouvaient ressembler à celles de Jacques et Nicole. Ce qui rendait cette idée plausible, est que leur maison se trouve dans le village limitrophe au mien. Alors ce jour-là, pensant les apercevoir, j'ai fait faire demi-tour à mon amie sans préavis ! On en a ri *(nerveusement tout de même me concernant)* après quelques centaines de mètres avalés à folle allure, lorsque mon amie en plaisantant m'a interrogée sur ma réaction si nous n'avions pas pu bifurquer à la dernière minute. Je lui ai répondu que j'aurais sauté dans le fossé pour m'y cacher avec un petit rire nerveux, mais on ne peut plus sérieux tout de même.

C'est à cette période que les idées noires sont apparues. Jamais je n'aurais cru que cela puisse m'arriver. Ce que je savais en revanche, c'est que je ne jouais pas dans la même catégorie que celle de ma mère. Je vivrai cette expérience en silence, je dissimulerai ma détresse, morfondue dans ma honte, sans partager mon fardeau avec quiconque pour ne prendre personne à témoin de ma chute. Je garderai tout pour moi, et ne laisserai personne savoir jusqu'où j'étais tombée... Je pourrais fournir plus de détails, approfondir mon désarroi mais, j'aimerais vous faire part des paroles d'une chanson qui ont trouvé un écho particulier en moi.

" J'suis pas tout seul à être tout seul
Ça fait d'jà ça d'moins dans la tête
Et si j'comptais, combien on est
Beaucoup
Tout ce à quoi j'ai d'jà pensé
Dire que plein d'autres y ont d'jà pensé
Mais malgré tout je m'sens tout seul
Du coup
J'ai parfois eu des pensées suicidaires
Et j'en suis peu fier
On croit parfois que c'est la seule manière
de les faire taire

Ces pensées qui nous font vivre un enfer
Ces pensées qui me font vivre un enfer
Est-c'qu'y a que moi qui ai la télé
Et la chaîne culpabilité ?
Mais faut bien s'changer les idées
Pas trop quand même
Sinon ça r'part vite dans la tête
Et c'est trop tard pour qu'ça s'arrête
C'est là qu'j'aimerais tout oublier
Du coup
J'ai parfois eu des pensées suicidaires
Et j'en suis peu fier
(...)"

L'Enfer, de Stromae

Alors, lorsque ma thérapeute m'a fait remplir le questionnaire de Beck, je me suis écroulée, littéralement écroulée. Je ne savais plus qui j'étais, la sonorité de mon prénom ne signifiait plus rien, car, je n'étais plus Amanda, j'errais à l'intérieur d'un corps, oui, mon âme n'était plus connectée, j'étais dans un ailleurs.

***

Lorsque j'ai commencé à écrire mes pensées, j'étais emplie de tristesse. Beaucoup d'incompréhension, pourquoi moi, pourquoi maintenant. Je ressentais le besoin de déposer mes maux, de les analyser. J'ai évoqué la rage en moi, je suis passée par des centaines d'étapes, de pistes de réflexion. De la douleur aussi, beaucoup. Je me suis sentie seule, très seule, incapable comme toujours de percevoir et comprendre que finalement, je ne m'autorisais pas à me confier, à confier mes maux, sans-doute aurai-je pu être comprise plus facilement que ce à quoi je m'attendais. Je me suis fermée, enfermée dans une douleur si profonde que j'ai bien cru ne jamais me relever, j'ai bien cru en crever. Je me suis beaucoup isolée pendant des mois, il m'était bien trop difficile de partager le reste de mon énergie avec des personnes qui, au quotidien, l'aspiraient. J'ai eu cette place d'oreille attentive que l'on m'a attribuée, mais que j'ai choisie aussi. Peu importe la conversation, elle se termine toujours de la même façon, j'écoute, je rassure sans qu'il y ait nécessairement de retour ou d'échange. Très à l'écoute et trop peu écoutée. J'en suis devenue à être dépendante émotionnellement des autres, jusqu'à assumer leurs erreurs à leur place dans une culpabilité massive, pensant que si on me blessait en paroles, c'était sans doute parce que mon attitude, ma réaction n'avait pas été adaptée. Je me punissais intérieurement par des heures de ruminations à défaire et refaire une situation que je jugeais problématique même si elle ne l'était pas. Au fil des années, j'ai nourri une grande colère à mon égard. Cette haine teintée de chagrin s'accentuait lorsque mon reflet dans le miroir me renvoyait indubitablement à mes origines génétiques. Frénétiquement une pluie de caresses maussades s'abattait sur mon visage, laissant pour traces les coups de soleil du mal amour…

***

Aujourd'hui, j'ai compris que je peux décider de faire autrement, j'y travaille, mais on ne change pas qui l'on est et ce que l'on est profondément, je ne le souhaite pas, mais je veux me donner une place à moi-même et apprendre à m'aimer du mieux que je le peux, mais pour cela, je dois me déconstruire pour me comprendre, écouter mes limites et pouvoir me reconstruire en acceptant que certains schémas, bien trop ancrés, ne pourront que s'assouplir. Je veux apprendre à vivre.

Finalement, j'ai accepté ma béquille chimique, elle m'a permis de me retrouver un peu, d'être moins envahie et d'engager un travail introspectif intense. J'ai traversé des hauts et des bas, mais je me suis relevée. À nouveau debout, consciente de ma vulnérabilité, une vulnérabilité que j'embrasse désormais comme preuve de force, car toute ma vie, j'ai fait face aux tempêtes en croyant à la nécessité d'être un pilier, mais aujourd'hui, je comprends que la véritable robustesse réside dans le courage de reconnaître sa fragilité et dans l'acceptation de nos limites. Je comprends que la signification de cette fragilité incarne une forme supérieure de force poussant à solliciter de l'aide et à refuser de porter des fardeaux insupportables, plus rien n'oblige mon être à se dissimuler derrière une armure impénétrable.

J'ai appris à m'ouvrir un peu plus, dévoilant à mes fils les chapitres clés de mon passé sans chercher à influencer leur libre arbitre. Je pense que cela leur a permis de mettre du sens sur certains points de souffrance, je crois qu'ils vont bien. Comme je les aime, mon cœur déborde d'amour pour eux! Je me suis également confié à Léo, il me connaît depuis presque toujours, mais n'avait pas en mains toute la vérité sur mon vécu, et je dois dire que mon cœur est plus léger. Durant ces mois d'arrêt au sens propre du terme, car j'étais physiquement, moralement et énergétiquement à l'arrêt, Alma a été d'un soutien indéfectible. Parfois, il n'y avait pas de mots, juste une présence aimante, soutenante, réconfortante. Elle a été la révélation à mon âme, un complément d'âme.

Il m'a fallu travailler en profondeur sur mes schémas familiaux, et sur la souffrance qui m'habitait de plus en plus alors que mes garçons devenaient des adolescents. Lorsque Maxime a eu quatorze ans, il a commencé à s'éloigner un peu de moi. Ce qui est tout à fait normal, je ne peux que le savoir avec la spécialité que j'exerce dans mon travail, mais lorsqu'il s'est mis à tourner son visage pour ne pas recevoir un bisou sur la joue, je l'ai pris en pleine face ! Moi, j'ai imaginé qu'il se détournait par dégoût, dégoût de mon odeur… Comme ce que je ressentais avec ma mère. Voilà comment s'exprime nos schémas. Bien évidemment, il ne s'agissait que d'une projection de ma part, mais lorsqu'on porte en soi la carence affective, je vous laisse imaginer...

***

Fin août 2021

Le temps était venu pour moi, du moins j'avais envie de reprendre du service. J'avais bien conscience que mon travail introspectif était loin d'être terminé, mais j'avais envie d'apprendre à vivre, à vivre sans eux. Sans ceux qui m'ont donné la vie, mais qui l'ont rendu également difficile. Je souhaitais un présent libéré de mon passé douloureux, mais forte de ce qu'il m'a permis d'être.
Mon médecin m'a proposé de reprendre en mi-temps thérapeutique ce que j'ai refusé. L'idée d'imposer à mon équipe de composer encore plus longtemps avec une carence soignante dans l'unité ne m'était pas concevable. On ne se refait pas complètement, je

m'étais promise d'être plus douce envers moi-même et j'avais la solution qui conviendrait à tous! J'ai donc choisi de reprendre mon poste à temps complet et de poser, mes jours de congés cumulés, le plus régulièrement possible sur le planning, ainsi tout le monde pourrait y trouver son compte. C'est ainsi que je fis. J'ai posé mes jours sur des amplitudes sur lesquelles nous étions en nombre et comblais les jours de récupération de mes collègues. Ce rythme a pu se faire quelques semaines, mais j'ai rapidement été avalée par la lourdeur du service. Néanmoins, une chose avait changé, je savais que je ne resterais pas dans l'unité, il était temps que je me choisisse, je sentais que ma transformation intérieure était en marche, un symbole fort pour moi, l'espoir d'un nouveau départ. J'attendrai qu'une opportunité se présente, ainsi, la boucle serait bouclée.

J'ai eu des hauts et des bas, vraiment très bas même... Mais j'ai tenu, menant de front, mon travail, ma vie de famille, ma thérapie et l'apprentissage de la connaissance de moi-même en tentant de lâcher prise comme je le pouvais. Évidemment, ma béquille chimique a été une véritable roue de secours, non pas parce que je travaille dans le domaine médical, mais parce que je sentais qu'elle me maintenait à flot. Chaque soir, je n'oubliais pas d'avaler mon petit comprimé blanc, ma dose de sérotonine, avec elle, j'avais le sentiment de parvenir à canaliser mes pensées arborescentes. J'ai conscience que le travail vient de moi, mais parfois, on bloque sur des croyances limitantes qui nous empêchent d'avancer. Loin de moi l'idée de faire la promotion des antidépresseurs, mais, dans ma situation, cet outil thérapeutique m'a vraiment aidée à avancer. Je m'étais pourtant fait la promesse que jamais je n'en prendrais puisque cela me renvoyait instantanément à ma mère et ses travers, mais j'ai décidé de vivre. Contrairement à Nicole qui rejetait tout accompagnement thérapeutique, j'ai pris la décision judicieuse de chercher de l'aide, honorant ainsi l'engagement que j'avais pris avec moi-même de ne JAMAIS suivre son exemple.

18
Journal de bord
***

13 septembre 2021

Je me sens triste face à ce constat évident que je suis encore fragile... À quoi pensais-je ? Que cela serait facile ? Non bien sûr. Reprendre mon activité professionnelle après sept mois et dix jours d'arrêt était à l'évidence, une nouvelle étape. Pourtant, je me sentais prête à reprendre, un peu fébrile certes, mais l'envie de travailler était à nouveau là. Je me sentais mal, je n'aimais pas cette étiquette de "femme fragile" que je m'attribuais. Pourquoi avais-je ce sentiment ? Pourquoi ne pouvais-je pas m'accorder un peu de répit ? Me laisser porter... J'avais le sentiment que tous les yeux étaient portés sur moi, et je n'aimais pas cela.

Certains jours m'ont été difficiles. Les pensées associées au rythme des semaines à venir, ne me permettaient pas de me détendre et laissaient place à une angoisse naissante. Six jours sur sept à travailler, sacré rythme pour une deuxième semaine de reprise. À peine dans la voiture, voilà que je commençais à toussoter comme si désespérément, je cherchais à expulser une pastille valda! La radio en fond n'a pas suffi à me changer les idées, le flux de mots rapides de l'animateur mêlés aux éclats de rire de sa joyeuse équipe ne formaient qu'un brouhaha inaudible et générateur d'angoisse interne me rendant encore plus mal. Je m'activais alors sur la bande FM quand tout à coup, un morceau des années 80 est venu attiser la braise d'angoisse au fond de mon être. Mes yeux se sont mis à piquer, mes paupières à papillonner pour retenir quelques larmes qu' inévitablement venaient mourir sur mes joues, la bonne vieille technique de la tête en arrière a fonctionné juste une minute, le temps que le feu tricolore passe au vert... Trop tard, l'angoisse m'avait avalée !!! NON ! Je ne pouvais pas la laisser gagner, il me fallait me ressaisir: " Tiens bon Amanda !".

Donner le change, je sais faire, j'ai beaucoup d'années de pratique... Je m'étais promise d'être plus douce avec moi, plus tolérante sur mes ressentis. Comme l'a dit Voltaire "J'ai décidé d'être heureux, car c'est bon pour la santé", seulement ce n'est pas si simple à mettre en application. Ce matin-là, j'étais absente aux transmissions. Pas physiquement, mon corps était bien là, lui. Je n'ai même pas eu l'énergie de faire semblant. Par chance, la bienveillance était à l'œuvre dans l'équipe soignante et mon binôme était en or! Il a su percevoir en moi le brouillard matinal, et a pris les choses en main. Le problème, c'est qu'à tout instant, je peux être extrêmement dure et exigeante, voire "mauvaise" envers moi-même. On ne change pas sa nature profonde, l'assouplissement est possible, mais tant d'année d'exigence ne peuvent s'effacer complètement, il y aura toujours des traces, à moi de faire le boulot et m'accorder un peu d'indulgence. Je vais y arriver!

***

Lundi 4 octobre 2021

Un jour le temps fait son œuvre, suffisamment pour permettre d'envisager la vie sous un autre angle. Les choses bougent, l'entourage aussi… Les yeux s'ouvrent en chemin, certaines lectures, certains mots résonnent et alors vos priorités évoluent, la douleur s'estompe pour laisser place à une existence désirée, pour laisser s'épanouir l'être que vous avez finalement toujours été, mais trop étouffé, bridé, formaté pour oser se libérer de certains liens affectifs toxiques. Les valeurs, les principes inculqués, voire imposés ne résonnent plus, ne font plus écho. L'instance morale qui dicte les interdits des normes parentales est malmenée, n'a plus de sens. Il m'aura fallu beaucoup de temps, de larmes, de souffrance, et beaucoup d'énergie pour revivre ce morceau de ma vie, telle une délivrance vers une nouvelle histoire que j'ai choisie de vivre. Il m'aura fallu prendre des décisions complexes, m'éloigner de certaines relations amicales, faire des détours tant la vérité est difficile à affronter, être bien accompagnée, m'imposer des gardes fous pour ne pas aller trop vite, il m'aura fallu me battre contre mes peurs, mes angoisses et lutter contre madame anxiété, cette amie-ennemie tapie dans l'ombre toujours prête à surgir pour me tourmenter. Je ne la déteste pas, elle a toujours été là, parfois aidante me permettant d'anticiper, de me mesurer. Longtemps incognito, elle est devenue parfois détestable, parfois envahissante parfois lancinante. À trop vouloir être partout, je n'étais nulle part, invisible…

Est-ce que ce sont les expériences qui nous façonnent ?

***

Dimanche 10 octobre 2021

La vie continue. Les souffrances seront toujours là, mais elles peuvent être moins envahissantes. Je me questionne. Mathilde évoque un changement du côté parental, Jacques écrirait des anecdotes de ses expériences passées qui seront un jour disponibles pour que nous puissions comprendre mais comprendre quoi précisément? Faudra-t-il attendre sa disparition pour tout savoir? Qu'est-ce qui est si difficile à dire pour qu'il préfère l'écrire? Pourquoi ne pas s'exprimer tant que nous sommes vivants? Évidemment cela en va de même me concernant, à la différence près que je ne suis pas certaine que le fait de poser des mots sur mes maux soit entendus et reçus comme je l'aimerais. À l'évidence, je ne serais pas comprise, et puis dans cette famille il y a des sujets dont on ne parle pas. Oh, j'y ai bien pensé et plus d'une fois, leur crier ma souffrance, mais j'y ai déjà laissé trop de plumes…

Lors de conflits ou lorsqu'il s'agissait d'évoquer Louis, que les parents n'avaient pas vu depuis des mois, Jacques criait son mea-culpa à grand raccourci : "Vous n'allez pas me reprocher toute ma vie une histoire de fesse!". Non, c'est une évidence, et ce n'est d'ailleurs pas le problème et encore moins l'origine conflictuelle entre Louis et toi ! En réalité, mille fois, j'ai eu envie de leur reprocher mon adolescence douloureuse au risque de les détruire, car ils n'auraient évidement rien saisi. Trop autocentrés sur leur vécu de solitude résultant d'un sentiment victimaire.

***

Lundi 11 octobre 2021

Je suis en larmes. Le parcours sera encore long vers la guérison de mon âme meurtrie. Ce soir, je me déteste, je pleure, et plus je pleure et plus je me déteste. Il y a des moments où je ressens tout très fort, je m'envole dans les hauteurs et redescends brutalement. La chute est systématiquement douloureuse. Les yeux gonflés par les larmes et les joues roses par des doigts trop serrés autour de mon visage, je ne peux pas me regarder dans le miroir. L'image qu'il me renvoie est celle d'une femme trop longtemps vue ainsi, le nez rougi et gonflé par trop de pleurs, celui de ma mère. Je voudrais effacer ce visage, encore et encore, le gifler, le griffer, le faire souffrir. Quelle détestation, ce soir je ne parviens pas à rationaliser, j'ai le sentiment que je suis trop loin de la ligne d'arrivée et j'ai mal, j'ai tellement mal, mal à en crever. Mal, d'avoir le sentiment de ne pas être à la hauteur avec mon fils cadet qui a besoin de sa mère. Je tiens le cadre, je m'associe à mon mari et à nous deux, nous y parvenons, mais que c'est dur, quelle énergie cela me demande alors que cela devrait être la seule chose prioritaire à gérer. Gérer ma vie dans l'instant présent et non le passé. Je lutte ce soir. Je ne parviens pas à m'apaiser et à présent que les larmes ont cessé de couler, j'ai honte. J'ai honte de ce que mon fils aîné a pu apercevoir en ouvrant la porte de ma salle de bain alors que j'étais assise sur la marche de ma douche, la tête entre mes mains, en sanglots. Quelle image ! Quelle psychologie adopter?... Ce soir, je suis triste et lasse, je sais que demain sera un autre jour, mais avec toute ma bonne volonté, ce soir, je lâche, ce soir, j'ai mal, ce soir, je voudrais simplement me réfugier dans le sommeil pour ne plus avoir à penser et dormir, dormir jusqu'à que demain se lève, car ce sera un autre jour…

***

Samedi 16 octobre 2021

Depuis quelques jours, je ressens un mieux-être, mais paradoxalement dernièrement, j'ai l'impression de me trouver dans un flipper ! Je vois la sortie, je sais où je dois aller, mais je suis percutée à droite à gauche, ce qui complexifie le trajet. Est-ce que l'on me teste? La route est longue… La culpabilité est toujours là! Je tiens bon, je continue à me battre, mais quelle énergie il me faut déployer pour y parvenir, je suis fatiguée et mon corps me le fait à nouveau sentir à travers des vertiges et une nécessité de me réfugier dans le sommeil.

***

Jeudi 11 novembre 2021

Aujourd'hui, ma tête est dans le flou. Je veux dire comme dans du coton. J'ai envie d'avancer, de faire, mais mon corps est à la traine. Lorsque je me déplace, j'ai l'impression de recevoir un appel d'air au carrefour d'une rue, et d'être aspirée. C'est désagréable. Je me demande quand je parviendrai définitivement à rallier mon corps et mon esprit. Malgré tout, les jours passent et le sentiment de mal-être avec. J'ai de vrais moments de mieux-être, c'est chouette.

***

Mercredi 24 novembre 2021,

Hier soir, je me suis couchée et je me suis endormie facilement. Une fois la nuit noire, une douleur vive m'a tirée de mon sommeil. Une douleur aiguë enserrant ma poitrine telle une multitude de petites aiguilles venant perforer mon cœur encore et encore avant de s'étendre vers mon épaule. Les secondes passent, que m'arrive-t-il ? Tout à coup, des contractions électriques tétanisent ma mâchoire supérieure. Ça recommence! Certainement une crise d'angoisse et pourtant j'ai la sensation que je m'en vais. Pourquoi cette nuit? Mon mari est allongé près de moi dans un sommeil profond. J'hésite, dois-je le réveiller? J'ai mal, j'ai peur aussi. Ça va passer, comme toujours, respire, respire, respire…
C'est la troisième fois que cela m'arrive. La première fois, il était quatre heures du matin, j'étais de nuit à l'hôpital. J'ai pensé que j'allais mourir d'un infarctus, que mon cœur allait s'arrêter de battre. J'ai gardé mon sang froid, j'ai alerté ma collègue afin qu'elle m'aide à réaliser un électrocardiogramme. J'ai pris de l'aspirine pour fluidifier mon sang puis, j'ai contacté la cadre de garde ne pouvant pas quitter mon poste. Au petit matin, les urgences étaient prévenues de mon passage pour investigation. Rien de concluant. C'est une bonne chose. Après réflexion commune avec ma thérapeute et un travail introspectif, je conviens qu'il s'agit

probablement d'éprouvés corporels liés à des maux non verbalisés d'un parcours cabossé. Le point de rupture, la dépression était en approche, latente, prête à surgir le moment venu… Loin de moi cette idée, je n'ai rien vu venir. C'était il y a dix-huit mois, en juin 2020, quasiment une année jour pour jour depuis la rupture avec mes parents… Joyeux anniversaire…

Un deuxième épisode est survenu il y a quelques mois et à nouveau la nuit dernière. Je me suis questionné toute la journée afin de comprendre l'origine de cette nouvelle crise; elle a été tellement violente. Je pense que malgré tous les efforts quotidiens que je réalise pour tenter de me préserver, je m'oublie sans doute encore un peu, est-ce un message?…

***

Lundi 26 décembre 2022

Noël est passé. Le premier Noël de ma nouvelle vie empli de joie et sans angoisses déléguées malgré quelques pensées bien accrochées, telles des croyances limitantes et une nuit agitée. Noël, le pire jour de l'année pour Nicole. Le vingt-trois décembre, jour d'anniversaire de mariage de Jacques et Nicole, le cinquante et unième, non pas que je compte, mais pour l'avoir entendu chaque année, il s'agit de l'âge de Louis soit cinquante ans auquel il suffit d'ajouter un ! Et voilà, le tour est joué, cinquante et une années. Bref, ce matin-là, j'ai eu rendez-vous avec Valérie ma thérapeute, puis je me suis occupé à préparer le réveillon, j'ai donc tenu la distance sans angoisse. Certes, j'ai poussé au maximum la bonne humeur en augmentant mon taux vibratoire! Chants de Noël et activités occupationnelles en tout genre; derniers emballages de cadeaux, préparatifs pour le festin du Réveillon, pose de vernis scintillant sur les ongles pou l'occasion, en somme, j'ai géré.

Le 24, me voilà au taquet. Chants de Noël by Mariah Carey en wifi, préparation des biscuits légendaires pour le père Noël avec ma petite nièce et mon Léo. Petit film en attendant l'heure des retrouvailles avec ma belle famille. Tenue dorée et autres accessoires de circonstance, nous voilà fin prêt à rejoindre tout ce petit monde chez Mike et Ika, puisque cette année le Réveillon se fête chez eux. Une jolie soirée, pleine de rires et sourires sincères, de tendresse et bulles festives.

Le 25, jour de Noël, a été une belle journée avec les trois hommes de ma vie et mon petit chien Rudy. Déballage des cadeaux, sourire collé sur nos visages, tendre démonstration affective et balade pour essayer le cadeau surprise, une moto cross s'il vous plait ! Bien une idée de papa ça ! Qu'est-ce que je les aime.

Étrangement ou non, le jour suivant n'a pas gardé cette dynamique solaire. Depuis hier, je ressens une colère à me plomber. Elle est là, en moi et je n'arrive pas à m'en départir. Pourtant j'essaie. À l'image d'un soufflet qui retombe, je me sens lasse et séquestrée par cette rage interne. Des images me viennent sous forme de flashs, dans lesquelles, elle est là. Son visage vieillissant apparaissant dans ma tête alors que je ne l'y ai pas invité. Elle m'a envoyé un message via un réseau social le jour de Noël. Ça disait "Joyeux Noël, je vous ai…" je n'ai pas lu la suite, car j'ai supprimé le message sans l'ouvrir. Pourquoi? Pas besoin d'en prendre connaissance, il devait s'agir d'un copié collé du mot envoyé à Louis, comme toujours à des dates clés, des messages jamais personnalisés qui en général disent : "Je prie pour toi, pour que tu trouves la paix", bref, je ne sais pas trop ce qu'elle cherche si ce n'est à me faire mal. Je ne sais pas ce qui est le plus terrible, ne pas avoir lu son message ou avoir ressenti du plaisir en imaginant sa réaction lorsqu'elle découvrira que je ne l'ai pas ouvert. La discrète notification qui indique si le destinataire a lu le message, s'est alors changée en complice silencieux de ma petite victoire.

***

4 janvier 2022

J'ai enfin pris quelque peu de distance avec mon tsunami interne post réveillon… je peux donc être plus raisonnée pour m'exprimer sur le sujet. Raisonnée. C'est étrange d'avoir choisi cet adjectif. Peut-être pas si étrange que cela en vérité, car il résume plutôt pas mal mon état d'esprit tout au long de ma vie, raisonnée, me raisonner sans doute entre-t-il en résonance avec l'idée encore une fois de contrôler, maîtriser mes affects, ma douleur, mes émotions envahissantes. Si j'ai choisi de poser sur le papier quelques lignes, et bien, c'est parce qu'une pensée vient de s'imposer à moi et en définitive cette image résume parfaitement ce que j'ai fait toute mon existence, à savoir lutter, combattre, souffrir et tenter de préserver l'autre.

Avez-vous déjà vu "Love Actually " ? C'est une comédie romantique britannique qui met en scène à l'approche de Noël le thème de l'Amour, s'appuyant ainsi sur le côté imprévisible et parfois insoupçonné de ce dernier. Dans le scénario, l'actrice Emma Thompson qui incarne le rôle de Karen, une mère de famille dévouée et aimante, découvre à la veille de Noël que le cadeau offert par son époux n'est pas celui qu'elle avait découvert en cachette dans la poche du manteau de ce dernier. Le cœur brisé, elle gardera la face devant ses enfants, mimant une réelle joie à la découverte du CD qu'elle reçoit comme présent. S'excusant, elle s'éclipse quelques instants le sourire au visage. Alors seule dans sa chambre, elle s'effondre, séchant ses larmes au fur et à mesure que ces dernières viennent mourir sur ses joues. Elle lâche en retenue, sans faire de bruit pour ne pas être entendue; relève la tête et roulant les yeux vers le plafond comme pour empêcher son chagrin et sa douleur de perler sur son visage. Un dernier mouchoir, une main passée sur ses vêtements comme pour se redonner de la contenance et elle rejoindra sa famille la tête haute, tout sourire comme si rien ne l'avait traversée. Même si ce qui motive ce chagrin, cette colère, cette tristesse ou encore bien d'autres émotions, est différent de ce qui me traverse, voilà… Voilà, ce que je ressens, ce que je vis seule bien trop souvent, je suis torturée.

***

18 mars 2022

Hier à 18 h 00, ma montre vibre sur mon poignet. Sur l'écran est écrit "papa". Sur l'instant, je ne fais pas tout à fait confiance à mes yeux, alors je vérifie sur l'écran de mon téléphone, et là, plus de doute, la petite icône choisie des années plus tôt, m'indique le visage de Jacques. Je ne me trompe pas. Pourquoi m'appelle-t-il, après trois années de silence. Je ne suis pas seule, une amie m'a accompagnée à la pharmacie, mais je ne peux, l'air stupéfait et somme toute un peu fébrile, je le reconnais, m'empêcher de scruter les alentours pour vérifier sa présence. Personne, évidemment. Je me raisonne, étrange cet appel qui ne semble pas être une erreur puisque la sonnerie s'est éternisée. Pas de message. Ça fuse dans ma tête. Soit c'est pour m'engueuler, genre "ça suffit tes conneries!", soit, il a une mauvaise nouvelle à m'annoncer, vous noterez l'impossibilité pour moi, de penser qu'il puisse juste vouloir reprendre contact... Comme un fait exprès, il choisit de m'appeler, juste après les funérailles du père d'un ami d'adolescence. Un père parti bien en avance des suites d'un arrêt cardiovasculaire. Bien sûr, j'ai pensé au jour où cela arriverait, et là, il m'appelle, j'ai bien cru vaciller, et la sonnerie s'est arrêtée.

19
Un nouveau départ

Le printemps 2022 étant sur la fin et les jours de chaleur montrant le bout de leur nez, j'ai commencé à regarder de plus près les offres d'emploi sans trouver trop d'intérêt pour celles proposées. Et puis, le poste "idéal" s'est présenté à moi. Un roulement en douze heures, trois jours par semaine, terminé les week-ends, les nuits et les jours fériés. Seul hic, une spécialité à l'opposé de la mienne. Qui ne tente rien n'a rien ! Alors, ni une ni deux, j'ai postulé. Enthousiaste, j'ai partagé mon passage à l'acte à ma collègue et amie Rebecca. La vie est incroyable, Rebecca avait une amie travaillant dans le service dans lequel je venais de postuler. Il m'a donc était facile d'obtenir des renseignements sur le fonctionnement et les spécificités du job. Je me sentais guidée, accompagnée par l'invisible. Quelque temps après avoir déposé mon curriculum vitae, la cadre du bloc opératoire me confiait que le budget venant d'être réduit, les embauches étaient privilégiées dans les services somatiques, toutefois elle allait conserver ma candidature. J'étais confiante, j'avais franchi un cap et j'en étais très fière. Je sentais que l'univers m'accompagnait et que je devais avoir confiance, ce qui de nature ne m'est pas difficile, car je suis une véritable optimiste. Seules Alma et Rebecca étaient dans la confidence, moi, j'allais patienter et passer l'été, je verrais à la rentrée.

Le destin m'a devancée. Nous étions alors en congés, lorsque j'ai reçu un mail de la cadre de Santé du bloc opératoire afin de vérifier si le poste auquel j'avais postulé m'intéressait toujours. Après confirmation de ma part, nous avons convenu d'un rendez-vous la semaine suivante afin de nous rencontrer. Le jour du rendez-vous, le feeling est passé instantanément et tout s'est enchaîné rapidement. La décision était prise, étant guidée par l'envie de diminuer la charge mentale liée à ma spécialité, j'allais démissionner et rejoindre une nouvelle équipe au bloc opératoire, un travail très différent, technique certes, mais qui allait me permettre de "détendre mon cerveau".

***

La fin des vacances d'été étant arrivée, j'ai repris le chemin du travail dans un tout nouvel état d'esprit. C'était étrange. Je détenais un secret et devais en faire l'annonce. En ce lundi de reprise, la cadre de Santé n'était pas présente dans le service, cela allait devoir donc attendre. J'étais mal à l'aise. Quelque chose en moi avait changé et il m'était difficile de me projeter ici. Tout comme les heures, les membres de l'équipe médico-psychologique défilaient dans le service. Ayant une affinité avérée avec certains d'entre eux, j'avais le sentiment que ces derniers pouvaient lire en moi comme dans un livre ouvert. Ils allaient donc tout comprendre, rien qu'en posant les yeux sur moi, mais cela n'a pas était le cas évidemment. Ma relation aux patients, elle, n'avait pas changé, j'étais toujours autant investie, d'ailleurs, depuis mon retour un an auparavant, je me sentais plus proche de ces adolescents en souffrance, comme si j'étais encore plus à même de comprendre leur souffrance puisque la mise en conscience de mon expérimentation adolescente refoulée, s'était réveillée. J'avais le sentiment que l'écoute et la réassurance que je leur proposais étaient justes, adaptées, et je ressentais de la gratitude à la Vie de m'avoir permise de rebondir, j'espérais pouvoir offrir à ces jeunes ma bienveillance. Alors, l'idée d'avoir deux mois de préavis me rassurait, ainsi, je pourrais partir en douceur et sans regret, la boucle serait bouclée.

C'est seulement le mercredi, soit deux jours plus tard que j'ai pu annoncer à la cadre que je souhaitais poser ma démission. Il était 17 h passé, lorsque installées dans son bureau, je lui ai partagé ma décision. Elle s'est montrée surprise puisqu'une année était passée depuis mon arrêt et que je semblais apaisée dans mon quotidien. Je lui ai fait part d'un peu de mon intimité et de ce qui se passait en moi, elle a souri et avec bienveillance avant de me partager son soutien dans l'intention de me prioriser. Elle a également complété son discours par le fait que l'équipe allait me regretter et que celle que j'allais rejoindre avait beaucoup de chance. À l'évidence, ses mots ont touché en plein cœur ma carence affective et m'ont regonflée à bloc, parfait pour aller au bloc! Ensuite, il a fallu aborder la question de l'organisation. Ce qui apparaissait me convenir sur l'instant et être rattaché à une proposition bienveillante, s'avèrera délétère et préjudiciable à mon équilibre émotionnel.

J'ai accepté de différer d'un mois mon départ afin de partir sur une disponibilité, ce qui signifie la possibilité de revenir dans l'institution et me garantir de conserver le statut de fonctionnaire durant plusieurs années. Pour un mois supplémentaire à travailler dans le service, c'était une opportunité que je pouvais saisir et puis cela allait me laisser le temps de finir en beauté. Cette proposition était également un bon point pour ma cadre, car lui offrait un mois supplémentaire pour recruter sur mon poste. J'allais donc faire en résumé, trois mois de préavis.

***

Le 1er décembre 2022 était la date de ma prise de poste au bloc et le 29 novembre, celle de mon dernier jour dans l'unité, la transition s'annonçait délicate mais je n'avais pas conscience que ça allait être pire que cela... J'ai enchaîné les trois premières semaines de décembre avec peu de récupération, d'une part parce que je n'avais plus de jours à poser, cela ne m'était jamais arrivé, plus de congés payés au mois de septembre en cinq ans, et d'autre part, parce que la ligne de mon planning était affreuse ! Je ne voulais pas penser que le fait de quitter bientôt mon poste pouvait en être la raison toutefois, il m'était impossible d'ignorer complètement cette éventualité. De plus, j'étais régulièrement seule infirmière pour les patients en binôme avec une collègue aide-soignante. Mon binôme aide-soignant était formidable, j'avais une grande confiance en elle, mais factuellement, elle ne pouvait pas me remplacer sur mon rôle propre d'IDE. Je sentais que mon énergie diminuait, de surcroît, j'avais amorcé le sevrage de ma béquille chimique, ce qui m'occasionnait des hypotensions majeures accompagnées de nausées et céphalées. Bref, le bonheur... J'ai commencé à regretter le mois supplémentaire à travailler. Encore des signes, des actes manqués me confirmant que le moment de partir était venu. Ce soir-là, assise au bord de mon lit, submergée dans un élan presque automatique, j'ai saisi du papier et un crayon, espérant que l'écriture allégerait mes pensées. D'une manière instinctive, comme si une force interne m'incitait à coucher les mots sur la page, à ME communiquer une vérité :

Message à moi-même :
" *Un jour, à ton propre détriment, tu comprends que tu dois apprendre à t'aimer. T'aimer réellement. Ce jour-là, tu réalises que personne n'est irremplaçable, que tu n'es pas indispensable, que JE ne suis pas essentielle. Cela n'enlève rien aux compétences, à la volonté d'entreprendre, cela te permet de constater que tu n'as rien à prouver. Toi, tu sais. Tu sais que si tu ne peux pas répondre présente, c'est que cela est réel ! Que, qui cherches-tu à convaincre, mis à part toi-même ? Tu te violentes, la rage au ventre à être présente sur tous les fronts envers et contre tout ! Mais pourquoi ? Pour qui ? Tu sais au fond ce que tu vaux ! Chercher à convaincre à ton propre détriment, ne fera que te faire souffrir, car tu ne seras jamais satisfaite, tu te seras sacrifiée, mais seule Toi le sais, parce qu'évidemment Tu te seras bien gardé de le communiquer! Oh, Tu y parviendras, Tu es très forte à ce jeu-là ! D'ailleurs, Tu es même parvenu à te convaincre Toi-même... Toi, Toi la plus forte, la guerrière, qui pense pouvoir tout supporter, oui Toi ! Te sens-tu rassasiée ? Rassasiée de reconnaissance ? Te sens-tu remplie ? Remplie de remerciements ? Te sens-tu exister, importante ? Jusqu'où iras-tu ? Regarde, écoute, arrête de TE penser seule ou encore irremplaçable ? C'est présomptueux... Laisse-Toi accompagner, considère-Toi! Regarde-Toi ! Tu as*

besoin de Toi ! Libère-Toi ! Fais pour Toi ce que Tu ferais pour autrui, donne-Toi l'attention que Tu aimerais recevoir ! Aime-Toi, Tu le mérites ! Comment peux-Tu encore donner alors que tes réserves sont amoindries... Ne souffres-Tu pas dans ton intérieur ? Tu prodigues et donnes de l'attention, de l'écoute, du soutien à quiconque le demande, mais Tu ne t'autorises pas à le faire pour Toi-même... Cherches-Tu à te punir ? Oui, c'est ça ? Te punir de ce dont Tu n'es en rien responsable!... De ton passé... Celui que Tu n'as pas choisi d'embrasser ? Il ne changera pas, c'était hier ! Mais Toi, Tu peux avancer, Tu peux ouvrir les yeux, Tu peux apprendre. Oui, cela sera difficile et long et tumultueux et hasardeux aussi, mais Tu peux y arriver! Considère que la Vie est un cadeau malgré ses difficultés, accepte d'être aidée, guidée. Sur ton chemin, Tu rencontreras de belles personnes, de belles âmes pour t'accompagner. Certaines d'entre-elles seront de passage, d'autres éternelles. Regarde, ouvre les yeux, vois, écoute, ça en vaut la peine ".

***

Un matin de septembre, mon corps est lourd, il souffle, cherche sa respiration la plus profonde comme pour évacuer ce qui est en trop dans son intérieur. En cours de sevrage de ma béquille chimique, oh combien précieuse jusqu'à présent, je me suis sentie libre de m'en défaire. Tout d'abord de manière réfléchie, assumée et maîtrisée, puis l'inconscient a pris le relais... plus précisément, l'arrêt définitif a été précipité puisqu'un soir, j'ai oublié de prendre ma vitamine sérotoninergique.

En somme ce vendredi-là, alors installée pour prendre mon petit déjeuner qui allait durer parce qu'en repos, les choses ont pris une tournure vertigineuse. C'est le mot, ma tête comme dans du coton, me bousculait tantôt à droite, tantôt à gauche. Il ne m'a fallu seulement quelques instants en tant qu'infirmière aguerrie pour comprendre l'origine de ces maux. En somme, j'avais oublié de prendre mon comprimé la veille. Ayant déjà vécu cette sensation de malaise à chaque changement de palier de posologie, je savais pertinemment que le maître mot de la journée serait : repos. J'ai donc décidé de me lover confortablement dans mon fauteuil club, installé dans la véranda où je ne tardais pas à être rejoint par Rudy mon épagneul breton, compagnon de toutes mes émotions. J'entrepris alors, la lecture d'un livre qui allait me bouleverser.

Comme clouée à mon fauteuil, il m'était impossible de me lever. J'avais la sensation que ma tête reposait dans du coton, et que chaque mouvement était ralenti, seule mon attention restait lucide et s'accrochait aux lignes qui défilaient sous mes yeux. Chaque phrase, chaque mot raisonnaient en moi. C'est comme si tout prenait sens. Tout m'indiquait de prendre soin de moi, que la vie envoie des épreuves afin de nous faire retrouver notre chemin, que tout avait un sens, il me fallait le comprendre. Ainsi, cet oubli, ces malaises qui m'ont carrément immobilisée n'étaient-ils pas l'opportunité de prendre ce temps pour moi ? De toutes manières, je n'avais pas vraiment le choix. Ne pas pouvoir aller travailler était presque inconcevable pour moi, mais l'univers en avait décidé autrement.

Le lendemain, les vertiges étaient encore forts. Mon tensiomètre affiché tantôt 85/38 mmHg tantôt 74/30 mmHg. Malgré le constat évident que je ne pourrai pas aller travailler l'après-midi, j'ai vérifié encore et encore ma tension dans l'idée que, sans doute, elle remonterait et que j'assurerais ma prise de poste. Les symptômes perdurant, j'ai réalisé que le sevrage allait s'avérer plus complexe que ce que je m'étais imaginée. J'allais donc bien subir, c'est le mot, subir le manque de la molécule, il ne me restait plus qu'à prendre mon mal en patience. Et puis, j'ai accepté d'écouter la petite voix intérieure qui me poussait à appeler mon service, je n'irai pas travailler, je ne le pouvais pas. Outre le fait d'avoir le sentiment de faillir à mon devoir, instantanément, j'ai entendu en moi " personne n'est irremplaçable ". J'étais littéralement clouée à mon fauteuil, comment conduire et ne pas me mettre en danger ? Me faire accompagner par mon mari, bien sûr, mais comment assurer la prise en charge des patients ensuite ? Non, non et non. Il y avait autre chose derrière tout ça. Il me fallait le comprendre. J'ai ressenti un besoin d'ancrage, j'ai alors mis à nu mes poignets joliment décorés de mes créations afin de porter mes gemmes de bois pétrifié. Je suis donc resté chez moi, mon précieux livre dans les mains. Je me suis accordée cet après-midi de répit, nous verrons le lendemain.

***

Comme ce mois de septembre m'a semblé long. À croire que le nombre de jours avait doublé. Ce jour-là, alors que je quittais mon domicile, sourire au visage, mais le cœur lourd de devoir laisser ma famille pour aller rejoindre les adolescents du service, je me raisonnai sachant que ces moments seraient bientôt les derniers. Le vent frais dans les cheveux me donnait, malgré tout, un sentiment de légèreté, devant l'idée que les jours dans cette unité étaient à présent comptés. Après cinq années passées à y travailler, j'avais senti l'heure de passer à autre chose. J'y ai tant appris sur les liens d'attachement, les émotions, la compassion et sur moi aussi. C'est justement en ça, et pour cela que mon chemin devait changer et dans moins de trois mois, j'aurai entamé un nouveau chemin vers d'autres horizons. Alors que je m'apprêtais à prendre l'ascenseur, une collègue d'un autre étage était là. Assise sur un banc, toute vêtue de blanc. Elle prenait le temps, quelques instants pour consulter ses messages avant de prendre son poste. Elle donnait l'air d'être à sa place, satisfaite de son devoir à accomplir dans cet établissement devant autant de souffrance adolescente. L'observer un court instant, me renvoya un sentiment d'accomplissement et de bien-être, comme si je parvenais à percevoir, à travers elle, un petit bout de sérénité.

L'ascenseur m'a conduite au 4e étage, j'ai poussé la porte du service et rapidement pris la température, cette lourdeur ambiante malgré les rires fugaces s'échappant de la salle commune. À peine installée dans la salle de réunion, j'ai senti mon cœur s'accélérer. La tension flottant dans l'air, semblait rentrer dans mon corps par tous les pores de ma peau. Je vibrais. Je n'aimais pas ça. Je savais trop bien ce qui allait s'ensuivre. D'abord, j'allais être attentive aux paroles de mes collègues. J'allais écouter, tentant de me distancier de mes affects le plus possible afin de ne pas me laisser engloutir par tant de violence. Puis, j'allais réagir, utilisant des onomatopées, envahie par l'étonnement, oh oui beaucoup de stupéfaction face à la férocité de certains liens entre les êtres humains. L'humour était possible aussi, le mécanisme de défense préféré des soignants. Mais ce jour-là, rien de tout cela. Ce jour-là, j'étais perméable, trop perméable. Je ne pouvais plus mettre à distance toute cette violence, je n'y parvenais plus. Alors, la boule à la gorge, l'estomac noué, j'ai quitté la pièce pour aller me réfugier dans le vestiaire. La porte à peine fermée que je m'effondrai, me liquéfiai instantanément. Je me suis perdue. Je ne parvenais pas à retenir le torrent de larmes dont la source semblait intarissable. Les secondes, les minutes m'apparaissaient une éternité. Comment allais-je gérer ? Que m'arrivait-il ? Je pensais être au clair, puisque j'allais quitter le service dans 72 jours. C'était sans compter sur l'idée que mes limites étaient sans doute déjà bien dépassées, et que le moment de l'accepter était arrivé.

Quelqu'un a toqué à la porte. La voix d'Alma me demandait de lui ouvrir. Instinctivement, je lui ai répondu "non". Me montrer une fois de plus vulnérable m'était difficile, et pourtant Alma est sans conteste, l'une des âmes rencontrées dans mon chemin de vie, la plus à même de me voir telle que je suis, sans jamais aucun jugement. Alma est régie d'amour pur et inconditionnel. Alors, naturellement, je n'ai pas résisté plus de quelques secondes avant de tourner le verrou. Ses bras, son écoute, ses mots m'ont soulagée, délestée du poids trop lourd que j'ai tendance à accumuler sur mes épaules. Des épaules déjà bien chargées, que je parvenais tout juste à soulager un peu. Alors pourquoi insister ? Quelle est cette force qui me pousse à toujours plus ? À bout, j'ai demandé de l'aide à mon ange gardien, à mes guides. Je leur ai demandé de m'aider, de m'aiguiller. Bientôt rejoint par le reste de mon roulement féminin, je me suis récupérée. J'ai séché mes larmes, me suis rafraîchie le visage et ne pouvant pas m'empêcher un brin d'humour noir constatant que mes yeux n'étaient pas seuls à avoir rougis, mais mon nez l'était également, à l'image peu glorieuse qui me renvoyait au faciès en pleurs de Nicole, ma mère. Heureusement, comme un clin d'œil réconfortant de l'Univers, lorsque je pleure, mes yeux se teintent d'un vert lumineux, un changement qui, malgré la tristesse de l'heure, parvient à amorcer un sourire sur mon visage dans ce contexte morose.

Le reste de l'après-midi s'est déroulé sans encombre, mais le constat de mon épuisement était difficile à accepter, et j'allais devoir réagir, je ne pouvais plus me malmener, pas après ce que je venais de vivre. Je devais apprendre à me respecter.

21 H 00 passées, j'ai quitté le service, soulagée que la journée se termine. Je me sentais vidée. Sur la route, je sentais bien que j'étais à fleur de peau et qu'un rien pouvait me faire réagir, m'emporter. Alors que je tentais de faire le vide dans mon esprit, il m'est apparu évident que j'avais le choix et que je devais me secouer, étant donné que je flirtais avec mes limites. Tout était ouvert en moi, perméable à la moindre émotion. C'est comme si les défenses acquises et développées toutes ces années, avaient fini par céder vis-à-vis de la rupture des liens avec mes parents et le travail introspectif engagé. J'étais à nu et il n'était pas question de me rhabiller avec des vêtements trop étroits qui me maintiendraient dans une dynamique

dont je ne voulais plus. Face à cette réflexion, l'évidence m'est apparue. La solution la plus simple et à la fois la plus évidente s'est alors inscrite dans mes pensées, comme soufflée à mon oreille par un de mes compagnons de route angéliques.

***

Comme un soir de dimanche en mode détente, Léo m'attendait allongé de tout son long sur le canapé. Il tendit l'oreille à l'ouverture de la porte et m'accueillit avec amour comme toujours, me demandant comment je me sentais et comment s'était déroulée ma journée. Il ne me fallut pas plus de quelques secondes pour me lover dans ses bras et lui confier mon humeur triste. Le réconfort de sa présence sonnait comme une évidence même après toutes ces années partagées. Une fois la situation exposée, tout s'est éclairé. Je devais accélérer mon processus de départ. Ni une ni deux, équipée de l'ordinateur, je me suis mise à taper ma lettre de démission à effet immédiat. Dans la foulée, Léo aguerri concernant les nouvelles technologies, envoyait mon courrier en dématérialisé à la poste en validant le tout avec un accusé de réception à l'attention des Ressources Humaines. J'étais libérée, j'avais repris la main. En réalité, par cet acte symbolique, je ne gagnais que quinze jours, mais surtout, je m'assurais ainsi de renoncer à la fonction publique et donc pas de retour possible dans l'unité. Un crève-cœur nécessaire me connaissant trop bien.

Les jours suivants n'ont pas été simples. J'ai accusé le coup et chaque jour était d'une lourdeur incommensurable. J'étais, en regret, envahie par la colère, j'avais la sensation d'être à fleur de peau, que tout me percutait. Comment allais-je pouvoir honorer mon préavis? Comment allais-je pouvoir continuer d'affronter la souffrance de ces adolescents? Je ne pouvais pas accepter de me mettre en arrêt maladie pour me protéger, cette pensée était bien trop emprise de culpabilité, je ne pouvais pas boucler la boucle de cette manière. Sur le moment, j'ai pensé que malgré la compréhension de mes collègues et supérieurs, personne ne pouvait véritablement comprendre mon épuisement. Alors, j'ai tenté de le communiquer puisque si j'ai bien intégré une chose avec mes années de thérapie, c'est que je suis tout à fait capable de nourrir mon sentiment de solitude toute seule! Alors, je me suis exprimée auprès de mes collègues les plus proches. Elles ont été et sont formidables. De vraies petites mères pour moi! À me réconforter, m'encourager et me secouer parfois aussi. Je crois bien ne pas avoir ressenti tant de soutien auprès de certains de mes amis ces dernières années. Malgré cela, la charge de travail et la dureté de notre spécialité rendaient le quotidien difficile. Alors, j'ai saisi la possibilité de me distancier en passant de nuit. Trois nuits. C'est peu et suffisant pour que je puisse souffler et me reconnecter. Ces nuits n'ont évidemment pas été de tout repos, puisque la souffrance n'a pas de créneau horaire... Il est d'ailleurs bien connu que la nuit amène son lot d'angoisse. Néanmoins, ce laps de temps m'a conduit à analyser de plus prêt ce qui était en train de se réveiller en moi. L'ENVIE DE VIVRE. L'envie de dire STOP! L'envie de prendre soin de moi comme je sais le faire pour autrui. Il m'a fallu pour cela, comprendre et apprendre à dire non. La vérité, je l'avais déjà en moi, mais il a été nécessaire que je passe par un processus de prise de conscience long et douloureux.

Le retour au calme n'est pas revenu dans le service. Bien au contraire, la tension dans l'air était de plus en plus palpable. Sans doute par un phénomène de vibrations partagées, les adolescents hospitalisés étaient encore plus en demande. Une demande qui allait commencer à me peser. De nombreuses situations difficiles ont conduit à des réunions institutionnelles complexes où la parole ne semblait plus circuler. J'avais l'impression de me noyer, et pourquoi ?

L'absence de ma cadre tantôt en télétravail, tantôt en présence dans le second service à sa gérance, rendait difficile mon quotidien. Je me sentais piégée. Alors, j'ai fini par craquer et cela m'a coûté, vraiment coûté, je me devais d'aller au bout, mais au bout de quoi ? De prendre soin de moi, c'est sans doute au bout de cela que je devais aller, au bout de l'idée de prendre soin de moi! Ainsi, suite à une réunion qui aura raison de moi, je me suis choisie. J'ai passé mon week-end de travail avec mon roulement, et je leur ai confié que je ne reviendrais pas après cette journée. Elles ont compris. Nous avons pleuré, beaucoup pleuré. C'était une grande souffrance pour moi, de tirer ma révérence ainsi. Je me suis interdite beaucoup de choses dans ma vie, d'abord par principe et puis par éducation. Cette fois-ci, cela devait changer. Le soir venu, à la fin de mon service, j'ai glissé un mot d'au revoir dans le casier de chacun de mes collègues qui ont partagé cinq années de ma vie. Étonnement, je n'ai pas été envahie par la culpabilité les jours suivants, et à la fin de la semaine, j'ai senti comme un boulet se détacher de mon dos, symboliquement, c'est une image forte, mais c'est réellement celle qui s'est induite dans ma pensée. Je commençais à m'aligner et à me positionner dans mes choix.

20
J'avance

C'est difficile, mais j'avance. Une grande partie de ma vie, j'ai été confrontée à de la violence. Un mot, qu'il y a encore quatre ans, je ne me serais pas adressée. Je me suis construite, au travers de mon enfance et de mon adolescence, j'ai grandi dans ce qui était la normalité pour moi. Avec les années, la question du déni s'est installée, plus simple et moins douloureuse sans doute, j'ai mis ma souffrance bien en sécurité, derrière une porte imaginaire que j'ai pris soin de fermer à double tour. Je savais qu'un jour prochain, je devrais l'ouvrir, mais le plus tard serait le mieux. Pour parvenir à vivre ainsi, j'ai placé des barrières tout autour de moi. Avec le temps, je les ai accumulées et cela m'a rendue hermétique au moment présent. Pour moi, le quotidien me conduisait dans mes pensées, trop souvent dans le passé, sans pouvoir fixer une réflexion. Arborescences d'arborescences, ces dernières me transportaient toujours plus loin. Mais mon quotidien, c'était aussi, être dans le futur. Les projets plein la tête m'ont permis d'avancer, mais ne m'ont pas permis de m'ancrer dans le présent, toujours l'esprit occupé pour ne pas penser. Je vivais les moments de détente sans parvenir à me détendre justement. Les instants censés être paisibles, comme une journée à la mer aux côtés de ma famille et de mes amis, se transformaient en source de tension, étouffant ainsi le plaisir du moment présent. La notion de détente m'échappait, prise au piège de la pensée constante de ce qui allait suivre, l'esprit toujours fixé sur le futur et cet impératif de perfection, d'anticipation.

Lorsque je me suis réveillée, il y a peu de temps finalement, j'ai tout pris en pleine face. Toutes ces années perdues, où je n'ai pas vraiment été là, où je n'ai pas vraiment vécu, c'est dur. Je me suis tellement barricadée, qu'il n'y avait plus de place pour moi. Toujours être parfaite, ne jamais ressembler à ma mère. J'étais là, à peu près pour le monde, mais absente pour moi-même. Dire non à une simple invitation était une torture. Je me culpabilisais pendant des heures : " si tu dis oui pour faire plaisir, alors que tu n'en as pas envie, c'est toi que tu prives. Mais en même temps, ça va être sympa et tu risques de regretter de ne pas avoir accepté et de priver Léo et les garçons. Et si tu dis non, tu vas devoir te justifier, et tu risques aussi de regretter", bref, c'était sans solution. Cependant, ces barricades m'ont également protégée toutes ces années. Elles m'ont permis de me réaliser professionnellement, avec toujours plus d'exigences évidemment, de fonder ma propre famille mais, elles m'ont aussi conduite vers des chemins tortueux. Aujourd'hui, certaines d'entre elles commencent à céder, au point que je ne parviens plus à supporter ce que je tolérais autrefois; alors, pour certains de mes proches, j'ai changé, trop changé. Je ne ressemble plus à celle qu'ils pensent que je suis, ou à celle qu'ils veulent que je sois. Je suis simplement devenue Moi. Ainsi, certains chemins se sont éloignés malgré de vieilles amitiés.

Les remparts inconsciemment dressés pour ma survie se fissurent progressivement par endroit. Ce qui définissait la normalité de mon quotidien d'adolescente se réajuste et, aujourd'hui, je parviens à déceler la souffrance que j'ai endurée, je mesure la juste réalité de cette violence émotionnelle et avec elle, l'écho du mal-être des jeunes hospitalisés. Je crois que c'est pour cela, que la nécessité de quitter mon poste s'est imposée à moi, comme un instinct de survie. Ce que ces jeunes relatent de leur vécu, je ne peux plus le recevoir. C'est comme si là, tout de suite, je prenais la mesure du service dans lequel j'ai exercé et pourtant, dans lequel j'étais à l'aise, dans mon élément. Je parvenais, malgré ma sensibilité, à garder la distance, à recevoir et comprendre leur douleur, sans doute à juste titre. Comme si, grâce à mon parcours, j'étais à même de les accompagner et je le crois, je le sais, je les ai accompagnés, mais aujourd'hui, je n'ai plus le choix, je dois penser à moi.

**

Ces derniers mois, j'ai beaucoup travaillé l'introspection. J'ai aussi traversé des moments de crise, durant lesquels je me suis à nouveau détestée. Mais vraiment! Au point qu'il m'est arrivé de me gifler, de me mordre, de me tirer les cheveux. Lorsqu'un soir à la débauche, je n'ai pas pris le bon chemin pour rentrer chez moi, ma tension interne s'est réactivée. Alors, quand les automobilistes devant moi, n'ont pas été suffisamment réactifs et que le feu tricolore est repassé au rouge, j'ai ragé. La colère contenue durant la journée et celle de tous les jours précédents a explosée. À l'arrêt, dans ma voiture, j'ai hurlé. J'ai hurlé ma rage et mon désespoir. J'ai hurlé ma tristesse, ma douleur. J'ai hurlé mes limites. Je me suis frappée le visage, encore et encore. Je me suis tirée les cheveux, j'ai pleuré, encore et encore, bon sang comme je me sentais seule et détestable. Et puis, le feu est passé au vert…

Je ne sais pas si les conducteurs des voitures alentours m'ont observée, mais pour moi le temps s'était figé. Hagarde, j'ai repris la route, haletant, suffoquant, les larmes plein le visage. Je me suis détestée! Que m'arrivait-il? Je ne me reconnaissais pas. Je voulais disparaître. J'ai conduit le reste du trajet en mode pilotage automatique, plongée dans des reviviscentes traumatiques. J'avais oublié et… et je venais de me rappeler, de me souvenir, de toutes ces fois où j'avais maltraité mon corps durant mon adolescence.

Comment ai-je pu oublier? Oublier, les tirages de cheveux, les coups que je m'infligeais devant le miroir après que ma mère eut explosé sa colère, fracassant la vaisselle sur le mur de la cuisine, se soulageant sur moi à coup de gifles ou de tirage de cheveux. Comment ai-je pu oublier l'empreinte laissée sur mon visage de la chevalière qu'elle portait à son annulaire droit ? Sans doute, je le méritais, alors à mon tour, je me punissais, je criais justice. Certaines cicatrices ne se voient pas, elles sont plus simples à dissimuler, pourtant elles existent et sont bien enfouies en nous. Je n'ai pas partagé cet épisode avec Léo, sûrement parce que je pensais qu'il ne pourrait pas me comprendre, c'était déjà difficile pour moi, il penserait que je perdais l'esprit, mais je crois surtout que j'avais honte. Honte de moi, de ce que j'étais au fond, quelqu'un de fragile. Alors, j'ai dû me récupérer un instant au bord de la route pour sécher mes larmes, respirer profondément, et me convaincre que la fatigue avait pris le dessus, que demain serait un autre jour. J'ai repris la route et je suis rentrée. J'ai embrassé Léo avant de lui demander petit sourire aux lèvres, comment s'était passée sa journée, puis, prétextant une journée difficile au travail, je suis allée me coucher pour oublier.

***

Ensuite, le temps a fait son œuvre. Il y a des jours plus difficiles que d'autres, mais dans l'ensemble, je mesure le travail accompli. Certaines fois, je me sens nostalgique. Nostalgique de quoi ? D'un père, d'une mère, de certaines choses banales que je ne vivrais jamais, et puis, ça passe…

Il m'arrive encore de me sentir vide de ça, sans racine, moi qui pourtant n'ai jamais eu les pieds aussi bien ancrés à la terre qu'aujourd'hui. C'est comme si un petit bout de moi, un je ne sais quoi, fait que quelquefois, je ne me reconnais pas dans le reflet que m'envoie le miroir. Ces traits qui sont néanmoins les miens, ne semblent pas m'appartenir. Alors, je m'approche au plus près, le visage presque collé à la source qui capture ce reflet. Mes yeux dans ces yeux, les mains sur les joues, je tire cette peau à droite puis à gauche, cherchant à lisser les marques des années passées à trop rire ou pleurer. Ces marques qui trahissent les soucis, la douleur, les épreuves à jamais marqués. Je devrais en être fière, car elles sont les vestiges du chemin parcouru, oui, je le suis, mais les soirs où je suis fatiguée de ma journée, lorsque je croise ce reflet, mon reflet, je ne peux m'empêcher d'être habitée par des émotions déroutantes. Définitivement, ce bout de chemin, je ne pourrai pas le changer. Je ne suis pas elle, je ne suis pas lui, je le sais, mais comme il est dur de se regarder…

***

Les mois, les années passent. Le printemps est à nouveau annoncé, bientôt juin sera là, avec ses quatre années de rupture. J'ai tellement changé, évolué. Il y a encore des pensées qui parviennent à me toucher, parfois dans l'émotion je peux avoir des regrets liés au fantasme du parent parfait, du moins d'imaginer une relation simple et agréable telle que je l'aurais aimée, mais c'est mon chemin et je suis fière de ce que j'ai parcouru. La vie est surprenante et il y a des semaines où elle nous met au défi, à l'épreuve. Elle nous envoie des cadeaux mal emballés, du genre qui permettent d'avancer, juste pour vérifier qu'on a bien compris... Et visiblement, il me restait encore des petites choses à travailler...

Le 1er décembre 2022, j'ai intégré une clinique pour travailler au bloc opératoire. Après un accueil plus que médiocre pour ne pas dire absent, j'ai rapidement réalisé que le poste n'allait pas combler mes attentes. En plus du sentiment d'être un boulet la première semaine, mon arrivée n'ayant pas été annoncée, j'ai eu beaucoup de mal à m'intégrer à l'équipe avec laquelle je ne me retrouvais pas ni dans mes valeurs, ni dans mon rôle propre de soignante. Il est vrai que le contraste entre mon dernier et nouveau poste était radical, mais j'ai tout de même persisté quelques semaines, désireuse de me laisser le temps de m'acclimater. N'ayant pas de problème relationnel, l'équipe opératoire m'a adoptée malgré cela, tout en moi clignotait en rouge et je me sentais mal. Pourtant, je n'ai pas écouté mon instinct et j'ai rationalisé une fois de plus, j'ai fini par demander de terminer ma période d'essai en salle de réveil, où j'avais le sentiment que je me sentirais plus à ma place, les patients étant réveillés, je pourrais allier relationnel et technicité et ce fut le cas. Les journées étaient éreintantes avec un nombre de patients exorbitants, en moyenne cent dix interventions par jour, sans compter les urgences, et cela, pour trois infirmiers, voire quatre lorsqu'on parvenait à avoir du renfort intérimaire. Les journées ne pouvaient jamais être simples, la pression des blocs, la pression des soins et des complications possibles, la pression du planning, la pression des collègues... Je savais que le challenge de la nouveauté ne serait pas simple, et de surcroît, j'avais mis la barre haute, mais je l'avais choisie alors pas question de me plaindre. Que faire ? Je me répétais en boucle " *Tu n'es pas obligée de supporter tout ça !* " J'avais quitté mon métier passion pour me prioriser, me donner un peu de douceur et voilà qu'à nouveau, huit mois après ce départ, je sentais des vestiges de douleurs se réveiller dans le bas de mon dos. Je savais que ce poste serait transitoire, mais j'avais espéré pouvoir m'y poser un peu, le temps de savoir ce que je souhaitais pour la suite. Pas facile de se retrouver dans tout ce petit monde, happée par la dynamique collective, le bruit, les éclats de voix, les qu'en dira-t-on, j'ai commencé à suffoquer. Parfois, j'ai le sentiment que je viens vraiment d'ailleurs, c'est difficile.

J'ai continué à me rendre à la clinique encore quelque temps, la boule au ventre. Je n'aimais pas ce lieu, j'y étouffais, tout m'oppressait, le bruit, les odeurs, la charge de travail, la promiscuité des collègues, la souffrance qui régnait dans cette grande pièce. Les humeurs y étaient maussades, les mines tristes et fatiguées, lasses de cette rengaine quotidienne. Les noms des patients s'étalaient en listes sur une succession de feuilles que l'on cochait à la hâte, comme synonyme de la tâche accomplie qui nous menait un pas de plus vers le terme d'une journée harassante. Qu'est-ce qui ne va pas chez moi ?

Une de mes collègues de travail s'est beaucoup inquiétée dernièrement. À juste titre, sa mère a été hospitalisée suite à un accident vasculaire cérébral. Brouillée avec son frère, elle a dû gérer la situation depuis le travail et avec une certaine distance géographique, ses parents n'habitant pas dans le même département. J'ai sincèrement ressenti de la peine et de l'empathie pour elle. Un peu plus tard dans la journée, tout en continuant mes tâches d'infirmière mes pensées ont totalement accaparé mon esprit. une vérité douloureuse s'est installée en moi, j'ai alors réalisé que je ne connaîtrais pas ce genre de situation, puisque je n'ai plus de parents.

Ce constat m'a bouleversée, j'ai ressenti de la compassion pour elle, sincèrement, car à cet instant-là, comme replongée dans un ancien schéma d'abandon, je me sentais étrangement détachée, comme dissociée. J'éprouvais de la peine pour cette femme que je regardais, pour Amanda également, mais cette tristesse semblait étrangère à mon être. Cette situation déroutante s'intensifie quand je réalise que cette collègue, avec laquelle l'entente n'était pas évidente, partage le prénom de Nicole.

Quelques jours plus tard, dans un autre service de la clinique, il y avait cet homme septuagénaire, la mine triste et le teint pâle. Accompagné de son épouse, il venait passer un examen médical et paraissait écrasé par la présence de cette dernière. Madame, prenant toute la place, s'appliquait à répondre pour son mari, bien que les questions ne lui étaient pas adressées. Penaud, aplati par la présence de cette dernière, l'homme paraissait intimidé. Plus tard, lorsque je l'ai retrouvé seul après son examen, le regard embué, celui-ci paraissait perdu. Il me confia sa déception encore une fois, du non-diagnostic posé par le médecin. Ceci aurait pu alors expliquer les troubles métaboliques endurés depuis bientôt deux ans et demi. Je pouvais percevoir sa peine, sa déception d'être en bonne santé. Est-ce parce qu'il s'est senti plus libre sans la présence de son épouse, mais il s'est autorisé à me conter un petit peu de sa vie. Je lui ai demandé si un événement s'était produit deux ans auparavant. Un événement qui aurait pu le chambouler, l'attrister, le contrarier... Incapable d'identifier le déclencheur de ses troubles, l'homme finit par divulguer une triste vérité, il n'avait eu aucune relation avec ses enfants et petits-enfants depuis presque dix ans. Moins occupé et l'esprit sans doute plus libre avec l'arrivée de la retraite, ce dernier a développé des symptômes intestinaux très invalidants. Sans lien(s) visible(s), il subissait ce fardeau au quotidien. Les seuls moments où il trouvait un peu de réconfort étaient ceux passés sur son vélo avalant alors les kilomètres comme un affamé mangerait ses émotions. Sur la route, longeant les bois où il m'expliquait parvenir à prendre un peu de plaisir, à respirer, il était rattrapé par ses symptômes envahissants. Nous avons parlé et je l'ai écouté. Prenant quelques instants pour trouver les mots, j'ai tenté de semer quelques petites graines dans son esprit, proposant quelques hypothèses, quelques accompagnements thérapeutiques différents de ceux déjà essayés. Les yeux embués et le regard fuyant, il me confia être analphabète et ne posséder que ses mains d'agriculteur pour s'exprimer. Agenouillée près de lui, ma gorge s'est serrée, j'ai senti l'émotion montée, cet homme me faisait de la peine. Le médecin est arrivé sur cette entrefaite pour signer l'autorisation de sortie de son patient. Les épaules basses, l'homme est reparti à sa vie…

Lorsque que nous prenons le temps d'envisager certaines situations sous d'autres angles, moi qui suis en rupture de lien avec mes parents, je comprends que l'histoire de cet homme peut le placer en position de victime, ce qu'il est peut-être sans jugement aucun dans sa vie conjugale, mais, ses enfants ont certainement, eux aussi, une raison pour ne plus voir leurs parents. La personne devant moi n'était pas forcément la victime, mais probablement l'auteur de malheur ou alors peut-être que ce dernier sous l'emprise de sa compagne trop présente avait fait fuir ces derniers. Je n'ai pu m'empêcher un instant d'imaginer mon père sur ce fauteuil, dialoguant avec une infirmière à l'oreille attentive, à la différence que dans l'intrigue de la scène familiale jouait au sein de ma famille, Nicole, ma mère, et Jacques, mon père, se partageaient la vedette dans le théâtre permanent de notre vie.

Épilogue

L'histoire ne s'arrête pas là, elle n'est pas encore terminée et ne le sera sans doute jamais, puisque ce que je ne travaille pas ici, je l'emporterai avec moi. Je vais mieux, même s'il m'arrive encore de douter, d'avoir des peurs, j'ai choisi de m'aimer, d'avancer, terminé le mal amour! Je pourrais encore vous conter ma vie, vous dire qu'à nouveau, je me suis à nouveau choisie en quittant la clinique pour retrouver du sens à mon métier, que désormais, j'ai rejoint l'équipe courageuse des infirmiers libéraux en réalisant des remplacements à domicile. Cette autonomie précieuse me permet d'organiser mon emploi du temps selon mes aspirations, et ainsi, j'ai le temps de me consacrer à mes créations en pierres naturelles et à ma nouvelle activité de lithothérapeute, une passion que je nourris depuis des années. À présent, un sentiment de légèreté imprègne mon quotidien : je trouve enfin l'espace mental pour être pleinement présente auprès de mes enfants et de mon époux, tout en me chouchoutant avec des moments de lecture et des balades ressourçantes, me recréant à travers ces simples joies, des plaisirs qui nourrissent mon âme.

Il m'est impossible de fermer ces chapitres de ma vie sans tirer ma révérence de la plus jolie des manières. J'aimerais partager ce jour où je me suis sentie libérée, ce jour où j'ai découvert littéralement la signification du calme intérieur, du sentiment d'être en paix avec soi-même.

***

Le plan était parfait. Quel plan ? Celui de la Vie bien sûr.

Voilà déjà plusieurs semaines que je ressens être prête, prête à franchir le pas, prêtre à vivre ma vie seule, sans garde-fou, sans accompagnement, prête à être celle que je suis, sans promesse ni arrangement, juste en étant moi, pas celle que l'on veut que je sois, pas celle que l'on croit que je suis, non, juste moi, vraie, authentique. Alors, en ce mois de septembre 2023, j'ai annoncé à Valérie que nous allions arrêter la thérapie, que le moment de poursuivre mon chemin était venu. Elle a souri. Les jours suivants, j'ai souvent pensé à Jacques et Nicole, je sentais au fond de moi que le moment de la rencontre approchait. En cinq ans, nous ne nous étions jamais croisés, pourtant nos maisons sont à moins de cinq kilomètres l'une de l'autre, alors, comment l'expliquer? Mais là, je me sentais prête, plus forte, oui, je sentais que le moment était proche, sans angoisse, sans émotion exacerbée.

***

Tandis que je préparais mon stand de bijoux pour la fête de village, je l'ai vue. De dos, occupée à noter le mot "équilibre" sur une étiquette, l'écho des mots prononcés m'ont stoppée net. J'ai reconnu sa voix instantanément. Lentement, mon regard s'est dirigé vers elle, et mes yeux ont balayé de bas en haut cette silhouette si familière. C'était elle, ma mère… Et, elle n'avait pas changé. Les bras grands ouverts, les yeux embués, la voix tremblotante manquant d'assurance, Nicole voulait m'enlacer… Tandis que je reculais d'un pas, instinctivement mon corps a adopté une position défensive. Les bras croisés sur mon plexus, ceux de Nicole grand ouverts, le temps s'était arrêté, comme suspendu et, nous sommes restées là, comme ça, quelques instants, à nous regarder. Je l'ai trouvée si petite, si fragile. Finalement, quelque chose était différent… Oui, vraiment différent… C'est moi toute entière qui avait changé. Mon regard sur elle, ce que je ressentais dans mon corps, dans mon cœur, tout avait changé… En l'observant, je ne voyais plus en elle qu'une petite dame vieillissante, portant le poids des années. C'est comme si tout avait repris sa place. Cette relation asymétrique, dans laquelle les schémas de

communication inappropriés m'ont emprisonnée dans une posture d'adulte enfant face à mes parents, avait disparu. J'étais là, debout, bien ancrée, calme sans colère, sans angoisse, sans peur, sans larme, tout ce que j'avais pu redouter, n'existait plus. J'étais prête.
À défaut d'une étreinte, j'ai concédé qu'elle m'embrasse sur la joue, au fond de moi, je savais que cela serait la seule chose que je puisse lui donner, et puis à ma grande surprise, elle m'a demandé comment j'allais... Je lui ai partagé en quelques mots mon mieux-être, ma longue thérapie et le travail engagé depuis le jour où elle a dépassé les limites en m'insultant, chez moi, devant ma famille. Loin de lui grogner mon malheur comme j'avais pu l'imaginer, j'ai simplement ressenti le besoin de vérifier si elle avait compris pourquoi cette rupture de lien. Elle a répondu :
– Oui, je crois.
J'ai posé la question une seconde fois, elle m'a donné la même réponse. Alors en deux phrases, j'ai reformulé ce qu'elle pensait savoir pour m'en assurer. Ni plus, ni moins. Elle semble avoir été soulagée par le fait que je lui ai pardonné et que ma colère est aujourd'hui apaisée. Alors, elle m'a demandé si j'allais revenir... J'ai répondu par un non, ayant trouvé mon équilibre, j'allais continuer d'avancer, sans eux, parce que je me suis choisie. Elle a acquiescé et paraissant dans un désir de m'avertir ou de me mettre en garde,

elle m'a répété à deux reprises que Jacques allait arriver, il cherchait à garer la voiture. Je n'ai pas répondu à cette ouverture au soupçon de menace, je la connais trop bien. Alors, elle a demandé des nouvelles des garçons, je lui ai partagé un peu de leur quotidien. Soudain, comme annoncé, Jacques est arrivé, le visage dur et fermé. Spontanément, il s'est approché de moi pour m'embrasser sans véritablement me laisser le choix. Distanciée, je l'ai laissé faire. Il n'a pas parlé, il n'a rien dit, mais, tout son corps, son visage se sont exprimés pour lui. Il est toujours un homme en colère.

Ils s'en sont allés. J'ai fermé les yeux un instant, prenant une grande inspiration, j'ai respiré comme jamais. J'ai ressenti une fierté immense. Je venais dans le calme et la paix de rendre à mes parents ce qui ne m'appartient pas. Je me suis libérée ! Je me suis trouvée lumineuse et puissante, j'ai gouté la sérénité. Puis, comme un cadeau, une ode à la vie, mes fils tour à tour sont arrivés, je les ai enlacés si fort, si heureuse. Peu surpris par mon attitude câline, ils ont malgré tout perçus une énergie différente en moi, alors je leur ai soufflé à l'oreille ce qui venait de se produire, tellement fière de leur dire :

"Je vais bien, merveilleusement bien !".

Quel chemin me réserve le destin... Désormais, je suis animée, habitée par quelque chose de beau, je le sens, je le sais, j'ai confiance, ça va aller.

*Composition et mise en page réalisées
avec l'aide de WriteControl.*

Amanda Rose -`♡´-

amandarose_auteure